Karl Wild

Der Verbrecher und sein Freund

eine Erzählung

Karl Wild

Der Verbrecher und sein Freund
eine Erzählung

ISBN/EAN: 9783743608672

Hergestellt in Europa, USA, Kanada, Australien, Japan

Cover: Foto ©ninafisch / pixelio.de

Manufactured and distributed by brebook publishing software (www.brebook.com)

Karl Wild

Der Verbrecher und sein Freund

Der Verbrecher und sein Freund.

Eine Erzählung

von

Karl Wild,
Pfarrer.

Zweite Auflage.

Nördlingen.
Druck und Verlag der C. H. Beck'schen Buchhandlung.
1871.

I.
Der Flüchtling in Texas.

Es war im Sommer des Jahres 1829, als ein Mann von verwildertem Aussehen, aus dem Staat Louisiana über den Sabinefluß kommend, die Grenzen von Texas betrat und mit jedem Schritte vorwärts sichtlich leichter aufathmete, ohne daß sein wilder Blick einem Zuge der Freude Raum gelassen hätte, wozu doch die fruchtbare Ebene, in der er wanderte, mit ihrem saftigen Grün und ihrem in allen Farben schillernden Blumenschmucke anregte. — Trauer über die Einsamkeit, in der er sich befand, über den Mangel jeder menschlichen Wohnung, wovon so weit das Auge reichte keine Spur zu sehen war, konnte es nicht sein, was seinen Blick so düster und finster machte. Denn offenbar sah er sich mehr nach wilden Thieren um, als nach Menschen, und sein wildes, wüstes Aussehen war leicht zu erkennen als das Gepräge eines rohen Geistes und eines unstäten, wüsten Lebens. Eine lange, hagere und doch knochenstarke Gestalt, ein rothbrauner Bart, der das ganze Gesicht bedeckte und mit den ungekämmten und unbeschnittenen Kopfhaaren ein zusammenhängendes Gestrüppe ausmachte; ein sonnenverbranntes Gesicht, das mit der Farbe der indianischen Rothhäute wetteiferte; ein weitkrämpiger Filzhut, der die tiefliegenden Augen noch mehr verbarg, als die buschigen Augenbrauen so schön thaten; ein hirschledernes, von Schmutz glänzendes Wamms; Beinkleider, die nicht mehr erkennen ließen, ob sie je irgend eine Farbe hatten und bis zu den Knieen reichten, wo sie in kamaschenartige Strümpfe sich verloren, die ebenfalls an dem Platze, wo die Waden ihr Ende erreichen, wenn solche vorhanden sind, von Schuhen aufgenommen und umschlossen waren, deren Lederfarbe vor Schmutz nicht zu erkennen war; — dabei eine Büchse über der Schulter, ein gewaltiges Pulverhorn und eine noch größere Jagdtasche von der ungegerbten Haut eines Hirsches an der Seite hängend, — so war die Person beschaffen und ausgerüstet, welche so eben erst das Gebiet von Texas betreten hatte und nun in seinen schönen, farbigen Ebenen südwestlich dahin wanderte mit Begier nach einer Bauminsel in dem Wiesenmeere sich umsehend, in welcher er ein Stück Wild oder ein Welschhuhn oder sonst ein Thier, das seinem hungrigen Magen erwünschte Speise geboten hätte, erspähen und erlegen könnte.

„Texas!" — so sollen die wilden Indianer, die Kamanges, welche vom nördlicher strömenden Arkansas herkommen und sich andere Wohnsitze suchten, gerufen haben, als sie von den Hochgebirgen aus die fruchtbare, grüne und blumenreiche Ebene erblickten, die sich vom Sabinefluß bis zum Collorado und von hier noch über 100 Meilen bis zum Neuces erstreckt.

„Texas!" — das bedeutet in der Sprache dieser Indianer so viel als „Paradies!" und dieser Name blieb dem Lande. „Mit Recht!" sagt ein Mann, der Texas genau kennt und vielfach durchwandert hat. Daß aber dieser Mann ich selbst nicht bin, werden meine lieben Leser mir auf's

Wort glauben. Ich selber kenne Texas nur so, wie man ein fernes Land eben innerhalb seiner vier Wände kennen lernen kann — nämlich aus Büchern. Daß ich mich aber in Büchern ein wenig mehr nach Texas umschaue, als nach andern amerikanischen Staaten, mag wohl daher kommen, weil ich nahe Befreundete dort wohnen habe. Bei einer solchen Umschau kam mir die Person vor, von welcher ich nun eine Geschichte erzählen will. Leid thut es mir nur, daß ich als ein naturgetreuer Maler in der Hauptperson meiner Erzählung bei ihrer ersten Vorstellung vor die lieben Leser nicht eine schönere und anziehendere darstellen konnte. — So ein verwilderter Mensch, wie unser Frembling war, muß sich in dem schönen Landstriche, den er durchwanderte, auffallend abschreckend ausgenommen haben. — Denn gerade da, wo er sich jetzt befand, begann eine unübersehbare, hunderte von Meilen hinlaufende Ebene, und diese Ebene war ohne die mindeste Erhöhung oder Senkung, mit den zartesten, feinsten Gräsern überwachsen, von jedem Hauche des Seewindes gefächelt, in Wellen rollend, durch nichts unterbrochen, weder Baum, noch Hügel, noch Haus und Hof. Weiter in's Land hinein aber tauchen einzeln stehende, dunkle Massen auf, Baumgruppen, deren es unzählige gibt in den üppigen Prairien von Texas. Prairien — heißt man nämlich diese großen blumen= und grasreichen Ebenen.

Prachtvoll stehen diese Baumgruppen da, wie Inseln in dem unermeßlichen Ocean von Gräsern weit und breit ohne eine Spur menschlichen Daseins. „Alles ist still, feierlich, majestätisch! Wald und Flur, Wiesen und Gräser so rein und frisch, gerade als wären sie so eben aus der Hand des Schöpfers hervorgegangen."

Durch diese wundervolle Ebene schritt der Mann hin so kalt, so gleichgültig, daß man den Schluß ziehen konnte: es seien ihm solche Prairien entweder etwas Alltägliches oder etwas Nothwendiges.

Doch plötzlich änderte er seine Richtung. Sein scharfes Auge mußte Etwas erspähet haben, wornach seine Begierde stund. Als er nicht fern mehr von dem Rande eines dichten Waldes war, bog er abermals von seiner Richtung ab; und nun konnte auch ein weniger scharfes Auge ein ganzes Rudel Hirsche wahrnehmen, die an den Ufern eines Baches, der sich dem Walde entwand, weideten. Offenbar wollte er die Hirsche umgehen, um ihnen in Schußnähe zu kommen. Doch wer könnte eindringen in so einen Wald, dessen riesige Bäume bald dicht mit buschigem Unterholze verwachsen, bald von langem, grauem Moose umflochten, bald von Weinreben durchwunden sind, die hundert und mehr Fuß an den Bäumen hinaufranken?

Jeder mit solchen Wäldern Unbekannte würde gar nicht einmal einen Versuch gewagt haben, durch diese Wand von Bäumen, Moosen, Gesträuchen, Weinreben und andern Schlingpflanzen zu bringen. Aber unser Fremdling weiß mit Sicherheit jede Lücke zu finden oder die biegsamen Zweige und Ranken zu benützen und durchzuschreiten. Schon nach einem Zeitraume von einigen Minuten fällt ein Schuß und von dem Rudel Hirsche am Saume des Waldes stürzt ein mächtiger Zwölfender zusammen, während die übrigen in wilder Flucht auseinander und wieder dem Walde zuspringen, nur nach einer andern Seite, als von welcher der Schuß herkam. Zu gleicher Zeit aber, in welcher der Schuß fiel, erhob sich an den grasreichen Ufern des Baches ein seltsames Geschwirr und Geschrei. Schaaren wilder Enten und Gänse und grauer Schwäne erhoben sich zum Fluge. Doch nicht weit setzten sie ihn fort, sondern ließen sich alsbald wiederum nieder.

Der Schütze nahm davon nicht die geringste Notiz, sondern ging ruhig auf den so eben verendenden Hirsch zu. Ohne eine Miene zu verändern, besah er das prächtige Thier, legte Büchse und Tasche ab, zog ein langes Waidmesser und machte sich an die Arbeit, seiner Beute in so weit vorerst die Decke abzustreifen, als nöthig war, um ein gutes Stück Braten herausschneiden zu können. Dann zog er aus seiner Waidtasche ein Feuerzeug, und schnell war von rings herumliegendem abgedorrten Prairiengras ein Feuer angezündet, dem einige Prügel dürren Holzes längere Nahrung gaben. Ein grüner, dünner Ast wurde zu einem Spieße hergerichtet und an diesem das Stück Fleisch über der helllodernden Flamme geröstet. Während er den Braten noch über dem Feuer langsam herumdrehte, wurde seine Aufmerksamkeit von einem andern Gegenstande angezogen. Eine Heerde wilder Pferde, „Mustangs" genannt, weidete in dem fetten Grase der vor seinen Blicken sich weithin ausdehnenden Prairie. Als er diese sah, überzog sein bisher düsteres Antlitz ein Schimmer von Freude; und mit solcher Begierde verfolgte er den Zug der zahlreichen Heerde, daß er darüber den Braten umzudrehen vergaß, bis der Geruch das Anbrennen desselben verrieth.

„Ein Pferd und einen Lasso, Bob! dann kannst du Alabama und Mississippi vergessen."

So sprach der Mann zu sich selbst. Und indem er den Braten vom Spieße zog, mit etwas Pulver bestreute, und nun einen mürben, fetten Bissen zwischen die Zähne nahm, brummte er abermals unter dem Kauen des Fleisches vor sich hin: „Doch vernünftiger, Bob! hier sein, als am Stricke. Spaßen nicht da drüben die Hangman. (Henker)."

Wir wollen nun unsern Frembling, aus dessen eigenem Munde wir wenigstens bis jetzt erfuhren, daß er Bob heiße, bei seinem Braten lassen und uns inzwischen über das Land, in welchem unsere Geschichte vorgeht, ein wenig unterrichten.

Wer Texas aufsuchen will, der muß entweder mit einem Schiffe auf dem Meere oder mit dem Finger auf der Landkarte dahineinfahren, wo Nord- und Südamerika nur wie von einem Fuchsschwanz zusammengehalten ist, den das Wasser durchzureißen droht. Im nördlichen Ecke dieses großen Wasserzubers, den man Meerbusen von Mexico heißt, wird man dies „Paradies" der Indianer leicht finden. Es stand früher mit Mexico unter spanischer Oberherrschaft und die Spanier ließen durchaus keine Einwanderer nach Texas. Kaum 6000 Seelen bewohnten diesen Landstrich, der einen Flächeninhalt von 260,000 englischen Meilen umfaßt, was ungefähr 60,000 deutsche Meilen gibt. Daher blieb dies Land beinahe 200 Jahre lang in seinem Naturzustande und fast gänzlich unbekannt. Nicht einmal Durchreisende durften sich in Texas einige Zeit lang aufhalten. Die Spanier meinten, auf diese Weise die stärkste Vormauer gegen die wachsende Macht der Vereinigten Staaten von Nordamerika aufzustellen. Aber als Mexico sich von der Oberherrschaft Spaniens frei machte und eine Republik bildete oder vielmehr einen Republiken-

verband, so wurde auch Texas ein Glied dieser Bundes=
republik. Nun wurden die günstigsten Gesetze für die Ein=
wanderung und Ansiedlung in Texas gegeben. Ganze
Dorfmarkungen, Grafschaften und Fürstenthümer konnte
man da fast geschenkt bekommen. Die Regierung überließ
einzelnen Unternehmern, Empressarios genannt, Strecken
Landes unter der Bedingung, daß sie Familien darauf an=
siedelten. Jeder Familie wurde ein Sitio Land angewiesen
gegen eine Gesammtentschädigung von 150 Dollars. Moses
Austin aus Durham in Connecticut und sein Sohn waren
die ersten Empressarios im Jahre 1821. Und bis zum
Jahre 1830 war fast ganz Texas an solche Empressarios
vertheilt; gleichwohl war die Einwohnerzahl kaum auf
16,000 gestiegen, fast lauter Amerikaner.

„Um diese Zeit war Texas die Zufluchtsstätte für
Leute von schlechtem Rufe und böser Aufführung. Spieler
und Bankerottirer, Diebe und Mörder. Viele, die in den
Vereinigten Staaten den Strick verdient hatten, wanderten
nach Texas, wohin der Arm der Gerechtigkeit nicht reichte,
wo den Richter nichts anging, was drüben verbrochen
worden; und so war Gesindel die Hülle und Fülle in's
Land gekommen, Abenteurer aller Art."

Vom Jahre 1824 an aber begann sich ein stiller und
doch mächtiger Widerstand gegen die Regierung in Mexico
zu regen unter den Einwanderern. Gesetze wurden nämlich
erlassen, welche ihr Eigenthum und die mit ihnen ge=
schlossenen Verträge auf das Tiefste verletzten. — Die
plötzliche Freierklärung aller Sklaven, die ein werthvolles
Besitzthum für die Colonisten ausmachten, und die Unter=
sagung jeder ferneren Einwanderung aus Nordamerika,

während doch manche Colonisten noch ihre Angehörigen dort zurückgelassen hatten, das militärische Priesterregiment, das Mexico führte, dies zusammen waren Ursachen genug zur Unzufriedenheit. Dabei waren die Gerichte mit den elendesten Wichten besetzt, deren Treiben dahin ging, den aus Nordamerika eingewanderten Pflanzern auf alle Weise das Leben zu entleiden und dieselben, nachdem sie die schönsten Striche angebaut und das Land von den Indianern befreit hatten, wieder hinauszutreiben, um so Platz zu bekommen in den warmen Nestern der Amerikaner. Aber diese amerikanischen Pflanzer waren Leute, die durch Entbehrungen und Mühseligkeiten eines Ansiedlerlebens an Leib und Seele gestählt waren und sich nicht so leicht mürbe machen ließen.

Da der mexicanische Gerichtshof die Verbrecher zwar zum Tode verurtheilte, aber dann doch geschehen ließ, daß ihnen Leben und Freiheit vom Priester angeboten wurde, wenn sie nur katholisch werden wollten, oder vom Truppencommando, wenn sie unter das Heer traten, so fingen die Pflanzer an unter sich Gerichte zu bilden und auf eigene Faust Urtel und Recht zu sprechen und zu vollziehen. — „Friedensrichter" nannten sie den Leiter eines solchen auf eigene Faust eingerichteten Schwurgerichtes oder Gerichtshofes. So ein Friedensrichter hatte keinen andern Gedanken, als wie man das Gesindel im Lande los werden oder für ein ehrenhaftes Bürgerthum, für Religion und Sittlichkeit gewinnen könne. Wir werden gleich nähere Bekanntschaft mit einem solchen Friedensrichter machen müssen.

II.
Der Friedensrichter.

Zwischen dem Fluß Trinidad und dem Brazos streckt sich eine viele Meilen große eben so reiche, als anmuthige Prairie aus, die vom San Jakinto durchströmt wird und eben deshalb auch selbst Jakinto heißt. Der San Jakinto ergießt sich bei der Stadt Lynchburg in den nordwestlichen Theil der Galveston Bay, hat hohe Ufer, die nur an einzelnen Stellen in der Regenzeit überschwemmt werden und ist bis zu seinem östlichen Zweige für kleine Dampfboote fahrbar.

Hier stoßen wir auf eine schöne Ansiedlung, die von dem Reichthum ihres Besitzers deutlich Kunde gibt.

Ein langes, hölzernes, zweistöckiges Gebäude, mit weit hervorstehendem Dache und einer rings um das Haus herumlaufenden Galerie — ist von vielen andern Gebäulichkeiten umgeben, die zusammen wohl eine Fläche von einem Morgen Landes bedecken. Wir können uns von dem Blumenreichthum der Prairie, in der Geranien, Lilien, Jasmin, Lobelien, Passionsblumen, Veilchen und andere unserer schönsten Topf- und Gartenblumen in weit größerer Pracht und Ueppigkeit blühen, als wir sie haben, kaum losreißen; auch die Gruppen von Fichten, Cypressen, Akazien, Lebenszeichen nebst dem herrlichen Magnoliabaum mit seinen großen wohlriechenden, weißen Blüthen und der hohen rothen Ceder ziehen uns mächtig an. Aber die Spuren der ordnenden, bauenden und pflanzenden Menschenhand, die in den ringsum sichtbaren Baumwollenländereien, in den Zuckerpflanzungen und Maisfeldern und in den Gebäuden wahrzunehmen sind, drängen uns doch, daß wir uns auch umsehen, ob wir nicht menschliche Bewohner dieses Hauses finden.

Ja — dort schreitet eine männliche Gestalt auf ein kleines Nebengebäude zu! Aber wem treten wir in ihr entgegen! Demselben wilden und verwilderten Bob, der uns schon bekannt ist und der wo möglich noch abstoßender aussieht, als wir ihn bereits beschrieben haben. Er trägt aber eine schwere Last von einigen Hirschhäuten nebst Fleisch sammt einem Truthahn, der wenigstens 15 bis 20 Pfund schwer sein muß und eine Beute seiner Büchse war.

Wie er dem Nebengebäude sich nähert, tritt ein stämmiger Mann heraus, der sogleich mit Freundlichkeit dem Ankömmlinge zuruft: „Schon wieder gute Jagd gemacht? Führt eine Kapitalbüchse. Schade! Aber soll ich heute den Betrag nicht zurückbehalten, daß auch Etwas bleibt für spätere Zeiten? Die Jahre machen das Auge blöd und die Füße schwach, Bob! Was dann, wenn das Jagen unterbleiben muß?"

„Wohl!" — entgegnete mit zu Boden geschlagenen Blicken Bob, indem er seiner Last sich entledigte. „Wenn nur der Johnny nicht wäre!"

„Der Johnny dürfte schon sein, Bob! Wenn nur der Branntwein nicht wäre und das Kartenspiel. Könntet bei mir Help (Helfer) werden; ein Stück Prairienland annehmen, umarbeiten, bebauen, Eigenthum bekommen."

„„Gebt mir ein Pferd, William, und einen Lasso. Mustangs einfangen soll mir bald zu einer Summe verhelfen, womit Etwas anzugreifen ist.""

„Ist ein wildes Leben — das! Aber sollt es haben. Und die Mustangs will ich Euch abkaufen. Nur versprecht, auch am Sonntag mit mir die Metings (Gottesdienste) zu besuchen, ordentliche Kleidung anzuziehen. Reinlich Kleid hilft zu reinlichem Herz. Das kann's brauchen, Bob!" Mit diesen Worten schritt der Friedensrichter, von dem uns nur der Name William bekannt ist, auf ein Nebengebäude seiner Ansiedlung zu, während ihm Bob mit gespannten Blicken nachsah. Bald kam ein Neger, der ohne auf Bob zu sehen, das Fleisch, den Truthahn und die Hirschhäute aufnahm und forttrug."

Nach einiger Zeit trat der Friedensrichter mit einem Pferde und einem langen Riemen auf Bob zu, der bei diesem Anblick einen lauten Freudenruf vernehmen ließ.

„Hier ist ein Pferd und ein Lasso, Bob! — Könnt mir's nach und nach zahlen. Und hier ist das Geld für das Ueberbrachte. Zahlt den Johnny! Ist nicht gut, dem Wirthe schuldig zu sein."

Ehe Bob nach dem Gelde langte, schwang er sich auf das Pferd und befestigte am Sattel den Lasso. „„Ihr traut mir, Master William? Will ein ehrlicher Kerl werden. Sollt es sehen!""

„Das muß inwendig angehen, Bob! Gottes Wort hören, beten, Sonntag christlich halten, den Johnny und den Branntwein und die Karten meiden! Sonst geht's nicht."

Dabei reichte er dem Bob Geld hin, das dieser, ohne es anzuschauen, in seine Waidtasche steckte. Und nun ging es wie im Flug auf dem Pferde fort in's Freie.

Der Friedensrichter sah ihm nach und schüttelte mit einem Ausdrucke innerer Trauer den Kopf.

Bob aber raste auf dem Pferde durch das hohe Prairiegras hin, das dem Reiter bis an die Schenkel reichte und oft nur des Pferdes hochgestreckten Kopf sehen ließ. Nach etwa einer Stunde kam er an eine kleine Ansiedlung, die nach Allem, was von Außen zu sehen war, ein Wirthshaus verrieth.

Ohne vom Pferde zu steigen, rief er mit starker Stimme: „Johnny, kommt heraus!"

Sogleich ließ sich ein Mann mit freundlich verschmitztem Antlitze unter der Thüre der Wohnung sehen. Als dieser den Bob auf dem Pferde erblickte, sprach er mit Lachen: „Da habt Ihr einen guten Fang gemacht, Bob! Mußte wohl kalt werden, der den Schwarzen ritt, eh' er Euch zwischen die Beine kam."

„Was grunzt der Spitzbube?" rief Bob entgegen. „Da habt Ihr die drei Dollar. Ist eigentlich die größte Sünde, die ich noch begangen habe, daß ich den Hallunken bezahle. Aber will ein ehrlicher Kerl werden und auch dem Diebe nichts schuldig bleiben." Mit diesen Worten warf er dem Wirthe das Geld zu, das dieser mit lautem Lachen aufhob.

„Ho, ho! Bob, ehrlich? Darauf trinken wir doch eine Flasche Rum. Er wird ja verscharrt sein und gut aufgehoben — der Eigenthümer des Schwarzen und der Dollars, die in der Tasche stecken, daß er den Bob, den besten Kaltmacher in Alabama, nicht einholen kann!"

„Schweig, Schurke! oder ich greife einen Augenblick wieder zu meiner alten Sünde zurück und blase Dir das Licht aus. Das Pferd gehört dem rechtschaffensten Mann — dem Master William. Er hat mir's gegeben zum Mustangsfange. Und nun zähme Deine Zunge, damit ich nicht genöthigt werde, sie Dir herauszureißen und vor die Füße zu werfen."

„Das ist um so besser, Bob! Aber Du wirst Dich doch zur Arbeit stärken mit einer Flasche?"

„Witterst Du noch einige Dollar in meiner Tasche, teuflischer Spürhund? Du sollst nichts mehr von mir bekommen, als eine blaue Bohne, wenn ich je einmal sollte wieder auf meine frühere Fährte gerathen. Darum verlocke mich nicht! hörst Du?" Hiemit wandte Bob sein Pferd und ritt wieder in die Prairie hinaus.

Der Wirth aber brummte vor sich hin, indem er ihm nachsah: „Zu trauen ist dem Kerl nicht. Aber wenn diesen der heilige William da drüben bekehrt, so ist er in der That ein Wundermann. Nur wüßte ich nicht, wo man das Wasser hernehmen sollte, um seinen Sündenschmutz abzuwaschen und die blutbefleckten Hände zu reinigen. Hat der Bob nun ein Pferd und einen Lasso, so wird er eine reichfließende Quelle von Gewinn für mich, — wenn — wenn ich ihn an die Flasche und an die Karte fesseln kann. Wollen sehen Johnny, ob Du Deine Kunst nicht verlernst im Alter!"

Während der Wirth diese Ansprache an sich selbst hielt, war Bob schon längst seinen Blicken entschwunden. Unaufhaltsam ritt er in der Prairie fort und erst nach einem mehr als zweistündigen Ritte hielt er sein Pferd an und spähete, vorwärts über den Kopf des Gaules geneigt, in die Ferne. Offenbar ist es eine Heerde wilder Pferde, in Texas „Mustangs" geheißen, welche seine Aufmerksamkeit auf sich zieht. Er wendet nun den Kopf ringsum, damit er aus dem kaum merklichen Luftzuge genau wahrnehmen kann, woher der Wind geht. Hierauf schlägt er eine Richtung ein, auf welcher er den wilden Pferden den Wind abgewinnet und naht sich ihnen leise immer mehr. Durch das hohe Gras gedeckt und den Wind gegen sich kommt er bis auf 40 Fuß an die Heerde, ohne daß diese das Geringste von ihm wahrnimmt. Schon läßt er den Kennerblick auf der Heerde herumschweifen, um sich ein Thier nach seinem Gefallen auszulesen. Inzwischen reitet er ganz leise noch etwa zehn Schritte näher und holt nun mit dem Lasso zum Wurfe aus. Durch diese Armbewegung geräth die ganze Heerde in wilde Bewegung und sucht die Flucht zu ergreifen. Aber für das auserlesene Thier war es schon zu spät. Die Schlinge des Lasso — dieses zwanzig bis dreißig Fuß langen Riemens aus starker, biegsamer Rindshaut, — war richtig dem Pferde über den Kopf geworfen, während es sich zur Flucht wandte. Bob aber auf seinem Rosse sprengte in demselben Augenblicke, in welchem er die Schlinge über den Kopf des Wildlings fliegen sah, nach der entgegengesetzten Richtung mit einer solchen Schnelligkeit, daß sich die Schlinge am Halse des Wildlings plötzlich zusammenzog, diesem die Kehle zusammenschnürte und der heftige Riß das athemlos gewordene Thier betäubt zu Boden stürzte. Als nun Bob von seinem Pferde herabsprang und dem Wildfang die Schlinge öffnete, so daß er wieder zu Athem kam, zitterte dies Thier am ganzen

Leibe und ließ sich willig leiten. Nur des leisesten Druckes durch den Lasso bedurfte es, um es bei erwachtem Widerstande sogleich wieder in Zittern und Folgsamkeit zu bringen.

So ritt er in sichtbarer Freude über seinen gelungenen Fang durch die Prairie hin in der Richtung nach Herrn Williams Farm. Unterwegs aber befiehl ihn brennender Durst und kein Tropfen Whisky war mehr in seiner Flasche; keinen Bach, keine Quelle konnte er entdecken. So vom Durste gefoltert kam er in die Nähe von Johnny's Wirthshause. Plötzlich hielt er inne in seinem Ritte und sprach zu sich selbst: „Willst Du denn verschmachten, Bob, in der Nähe von einem Wirthshause, das den besten Rum hat? Kannst ja Dich erfrischen und stärken und dem elenden Johnny dabei den Rücken kehren und gegen seine Lockungen die Ohren verstopfen." Und schon wandte er sein Roß und zugleich den Wildfang mit einem Ruck des Lasso in der Richtung auf Johnny's Wohnung zu.

Aber plötzlich hielt er wieder inne. „Nein! und wenn ich Gras essen müßte, um den Brand meines Durstes zu löschen — ich will nicht zu Johnny; ich will sogleich zu Master William und das Pferd ihm zuführen, das ich gleich bei meinem ersten Ritt bekam. Ein Theil meiner Schuld ist damit bezahlt."

Mit diesen Worten wandte er sich wieder von der eben genommenen Richtung ab. Einen heißen Kampf mit Hunger, Durst, innerer Lust, mit dem Mustang und seinem Reitpferde hatte er noch zu bestehen, bis die Stunde Weges zurückgelegt war, die er noch brauchte, ehe er in Meister Williams Farm einreiten konnte.

Mit Stolz und hohem Selbstgefühle erschien er diesmal

vor William. Der Anlauf, den er sich genommen zum Auszug des alten Menschen, der Sieg, den er über die Lockungen Johnny's und über seine eigene Lust davon getragen, der glückliche Fang, den er gemacht — und zu dem Allen das freudige Erstaunen, mit welchem ihn William empfing, — dies gab ihm eine solche stolze Haltung, daß er, einem Feldherrn gleich, der eine Schlacht gewonnen, vom Pferde heruntersprang und Herrn William den Mustang zuführte mit den Worten: „Hier Master!" — Dies Wort läßt ein freier Amerikaner nie einem Brodherrn gegenüber aus den Zähnen kommen, so wie sich auch kein Dienstbote „Knecht" oder „Magd" nennen läßt. Master, Herr! zu sagen, das verriethe zu viel Unterwürfigkeit, Abhängigkeit und Knechtssinn. Aber in seiner Dankbarkeit gegen William, der ihm zu seinem Sieg geholfen und das Pferd geliehen hat, nannte er diesen jetzt Master. Denn daß ich's nur verrathe! Bob hatte die feste Meinung, daß er mit dem Aufschwung auf das Pferd sich auch aus dem Schlamm eines wüsten Lebens herausgeschwungen habe und nun ein anderer Kerl werden müsse. Die leibliche Erhöhung vom Fußgänger zum Reiter hielt er auch für eine geistige Erhöhung aus einem schmutzigen zu einem ordentlichen Leben und viel hätte er darum gegeben, wenn er sich auch zugleich in eine reinlichere, bessere Kleidung hätte stecken können.

Doch die Freundlichkeit und sichtbare Freude, womit ihm William entgegen kam und den Wildfang betrachtete, ohne ein anderes Wort zu sprechen, als: „Ein Kapitalthier! ein Kapitalfuchs!" — diese Freundlichkeit und sichtbare Freude William's ließ ihn noch den Schmutz und die Lumpen seiner Kleidung vergessen.

„Bei Johnny seid Ihr nicht gewesen heute, Bob, das seh' ich. Werdet Hunger haben und Durst. Kommt zu mir herein! Und der Wildfang soll mir gehören? Schon gut! Werden Rechnung machen, Bob. Ein Kapitalfuchs! Wenn der Kerl gezähmt ist, mag er leicht mehr werth sein, als der Schwarze, den ich Euch gab. Aber zähmen, Bob, zähmen müßt Ihr mir den Fuchs! Wollt Ihr? Und da bleiben eine Zeit lang bei mir? Doch das wollen wir beim Imbiß und bei der Flasche ausmachen, Bob."

Der Abend war inzwischen hereingebrochen; — die Sonne ließ ihre hochrothen Strahlen schräg über die Ebene hinschießen, wie über ein ruhiges Meer, und im Glanze des Abendrothes sahen die Pflanzungen und zur andern Seite die wogenden Blumen und Gräser der Prairie wie eine feurige Fläche aus, die ohne Rauch und ohne Flamme weithin sich erstreckt.

Da der Abend so schön und in solch' wundervoller Gegend doppelt schön ist, so wollen wir uns eine Ansiedlung in Texas, wie sie der Friedensrichter William am Jakintofluß hatte, näher besehen.

III.
Die Erweckung.

Alle größere Grundbesitzer in Texas haben auch heute noch Sklaven;*) namentlich Baumwollen- und Zuckerrohrpflanzungen können nur mit Negern bearbeitet werden. Man kann auch einen oder mehrere Sklaven auf ein Jahr oder auf mehrere Jahre miethen. Allein das kostet viel Geld, und der Sklavenhandel wirft in Texas immer noch den größten Gewinn ab, da die Sklavenhändler zugleich auch eine Anzahl Sklaven vermiethen.

Etwas Abscheuliches ist und bleibt dieser Menschenhandel, der durch die Sklavenhaltung herbeigeführt wird. — Aber wir zweifeln, ob mit andern Waffen, als mit denen des Christenthums, etwas Ersprießliches dagegen ausgerichtet werden kann. Und sind die reichen Leute, welche zum Betrieb ihres Geschäftes noch Sklaven halten, nur lebendige Christen, dann sind sie nicht nur die wirksamsten Verbreiter des Evangeliums, sondern auch die segensreichsten Befreier aus der Sklaverei. Bei solchen Leuten sind

---

*) Dies hat sich Gottlob seit dem Erscheinen der ersten Auflage dieser Erzählung geändert; bekanntlich ist die Sklaverei in allen Staaten der Union jetzt abgeschafft.

auch die Farbigen, welche noch als Sklaven gelten, nicht unglücklich zu nennen.

Die Sklaven gut zu halten, bei jeder Krankheit auf's Beste zu verpflegen und in jeder Weise für ihre Gesundheit und Erhaltung zu sorgen, das liegt im Interesse eines jeden Herrn, da der Verlust eines arbeitsfähigen Sklaven für ihn von Bedeutung ist; weshalb aber auch von dieser nothwendigen guten leiblichen Versorgung eben so wenig ein Grund gefunden werden kann, das Loos der Sklaven zu preisen, als man von der Erscheinung unter unsern Landleuten, die ebenfalls auf ihre Pferde, Ochsen und Kühe mehr Sorgfalt verwenden als auf ihre Dienstboten, ja selbst als auf ihre Kinder, den Schluß ziehen darf: das Vieh ist bei den Landleuten besser daran, als ihre Dienststoten und Kinder.

Allein bei **christlich gesinnten Herren**, die auch **das Seelenheil ihrer Sklaven im Auge haben**, sind diese sicherlich besser daran, als die meisten unserer Fabrikarbeiter, als viele unserer Handwerksburschen, Taglöhner und Söldner. Wie müssen diese Jahr aus Jahr ein sich mühen und plagen, um für sich und die Ihrigen das tägliche Brod zu erwerben! Wie Wenigen gelingt dies; wie Viele aber sind mit bittern Sorgen und drückender Noth belastet! Und unter solcher Last bei aller Arbeitslust bricht zuletzt auch das Herz und greift Unglaube, Sünde und Laster um sich. An die Stelle der rettenden Liebe treten dann die Zuchthäuser. —

Das Alles kommt bei den Sklaven solcher Herren, wie William der Friedensrichter am Jakinto war, nicht vor. Bei ihm wurden sie gut genährt und gut gekleidet;

sie kannten keine Sorge für den andern Tag und wurden
auch nicht mit Arbeit überlastet, sondern hatten ihre Ruhe=
zeit und ihren Feierabend. Meistens wurde ihnen eine
bestimmte Tagesarbeit zugewiesen. Waren sie mit dieser
fertig, so brauchten sie dem Herrn keine weitern Dienste
zu thun, sondern bauten entweder ihren Garten oder ver=
dingten sich bei ihrem Herrn oder bei einem Nachbar zu
außerordentlichen Arbeiten um einen gewissen Lohn, und
erwarben sich so nicht selten ein namhaftes Eigenthum.
Aber das Seelenheil seiner Sklaven lag dem Friedens=
richter William noch mehr am Herzen, als ihr leibliches
Wohl; ja weit mehr, als sein eigener Gewinn und Vor=
theil. Und wie er von einem seiner Sklaven die Ueber=
zeugung gewonnen hatte, daß er sich von Herzen zum
Christenthume bekehrt habe, so wurde ihm auch ein Frei=
brief ausgestellt. Doch machte nie ein Sklave davon Ge=
brauch, sondern alle blieben gerne bei ihrem Herrn und
baten ihn sogar, daß er sie in seinem Dienste behalten
möge. — Die meisten seiner Leute waren denn auch be=
reits Christen und die es noch nicht waren, sollten doch
auch nicht in der Gefahr stehen, daß sie mit dem Tode
Williams etwa wieder in den Verkauf und einem grau=
samen Herrn in die Hände kommen könnten. Deshalb
lagen auch für diejenigen Sklaven stets die ausgefertigten
Freibriefe vor, die noch keine Beweise einer aufrichtigen
Bekehrung zum Christenthum gegeben hatten.

  Die Zahl solcher Sklavenhalter wird freilich klein sein,
und eben weil die Möglichkeit vorhanden ist, daß rohe
Menschen ihre Sklaven nach ihren Gelüsten und Leiden=
schaften behandeln dürfen, so darf man die Waffen gegen

das Sklavenwesen nicht niederlegen. Aber nur die Waffen des Christenthums werden hier recht siegen. — Das sehen wir gerade an unserm Friedensrichter William. —

Um seine Wohnung herum lagen nicht nur verschiedene Nebengebäude, Magazine für allerlei Waaren, Stallungen, mächtige Rauchhäuser, das Fleisch darinnen zu dörren und aufzubewahren, Werkstätten, Bräuhaus und ein Gebäude zur Zuckerbereitung; sondern auch viele kleine Häuschen aus Backsteinen gar nett aufgerichtet und reinlich gehalten. In diesem wohnten seine Sklaven, wenn wir sie noch so nennen wollen, in Familien und einzeln. Und selbst denjenigen unter ihnen, die noch keinen Freibrief hatten, merkte es Niemand an, daß sie keine freien Leute waren.

Bald nachdem Bob angekommen und mit Herrn William in's Haus gegangen war, erschienen von allen Seiten die Arbeiter, junge und alte durcheinander, und gingen auf ein mit einer Glocke gegebenes Zeichen in einen großen Saal des Wohnhauses, wo schon William mit seiner Frau und drei Kindern, einem Knaben und zwei Mädchen, sammt der Hausdienerschaft war. Eine feierliche Stille herrschte und William begann einen lieblichen geistlichen Gesang, einen Psalm nach dem englisch-presbyterianischen Gesangbuche, in welchen die ganze Versammlung einstimmte.

Hierauf verlas er einen Abschnitt aus der Bibel, sprach dann ein Gebet, während dem alle Anwesende auf den Knieen lagen, und schloß die Abendandacht mit einem weitern Gebete und dem Segenswunsche. Am Morgen wurde eine ähnliche Gebetsversammlung gehalten, wornach die Aufseher den einzelnen Arbeitern ihr Tagwerk bezeichneten, an das ein Jeglicher mit Freuden und ohne Zögern ging.

Herr William selbst ritt des Tages ein- oder zweimal in's Feld und ertheilte seine Befehle. In den Werkstätten sah er sich auch einigemale um und so ging Alles regelmäßig wie in einem wohlgeführten Regimente.

Dieser Anblick machte einen mächtigen Eindruck auf Bob. Denn da er zum Behufe der Zähmung des Mustangs auf einige Zeit in der Ansiedlung Herrn Williams blieb, so hatte er Gelegenheit, ein Leben in solcher Ordnung geführt mit dem seinen zu vergleichen, das ein unstätes, unsicheres, ja lasterhaftes und verbrechenvolles bisher gewesen war. Seiner Verbrechen willen hatte er sich schon aus Alabama und Mississippi geflüchtet und war er zuletzt nach Texas gekommen. Als Prairienjäger hatte er dem Friedensrichter William sein erlegtes Wildpret zum Kaufe gebracht und dadurch seine Bekanntschaft gemacht. Eine unerklärliche Angst ergriff ihn jedesmal in der Nähe Williams und doch war der Mann so wohlthuend freundlich mit ihm. Gewiß war diese Angst so Etwas von dem, was dort den Petrus ergriff, als ihm die göttliche Allmacht und Heiligkeit Christi sichtbar und fühlbar wurde gegenüber seiner menschlichen Schwäche und Sündhaftigkeit und er ausrief: „Herr, gehe hinaus von mir, ich bin ein sündiger Mensch!" —

Allein Bob erkannte da noch nicht die Niedrigkeit seines Lebens, darum konnte er die Angst, welche ihn in der Nähe des Friedensrichters befiel, nicht als den Eindruck, den dessen Frömmigkeit auf seine Seele machte, erkennen. Hätte er seiner Thaten willen nicht aus seinen früheren Aufenthaltsorten vor der Obrigkeit fliehen müssen, so würde er gar nicht auf den Gedanken gekommen sein, daß er etwas Unrechtes verübt habe. So lange er in diesem geistigen Tode, in diesem Zustande der Blindheit und Verhärtung war, konnte ihm nur bei dem Wirth Johnny, hinter der Rum= oder Whisky=Flasche, bei Karten=spiel und in lüderlicher Gesellschaft wohl sein.

Zum ersten Male war ihm aus dem freundlichen Blicke und aus den herzlichen Mahnungen des Friedens=richters ein Strahl höheren Lichtes in sein Inneres ge=drungen, als ihm dieser so viel Vertrauen bewies, daß er ihm ein gutes Pferd zum Mustangsfange lieh.

Wie oft drängt man doch gesunkene Leute gerade dadurch zu noch tieferer Versunkenheit, daß man sich mit Verachtung, Stolz und Ab= scheu von ihnen wendet! Wie mancher Zucht= häusler würde nicht wieder an diesen Strafort begangener Verbrechen kommen, wenn sich recht= schaffene, angesehene Leute seiner annähmen beim erstmaligen Austritt aus der Straf= anstalt!

Von jenem Beweise geschenkten Vertrauens an nahm sich Bob vor, ein ehrlicher Kerl zu werden und Johnnys Wirthshaus zu meiden.

Aber tiefer, mächtiger wurde er noch ergriffen von dem Geiste der göttlichen Gnade, als er der ersten Abend=andacht unter Williams Hausgenossen anwohnte. Da zum ersten Male befiel ihn Furcht und Zittern vor Gottes Ge=richt über seine Schandthaten und über sein gottloses Leben.

Als längst verklungene und vergessene Töne drangen diese geistlichen Lieder auf's Neue zu seinem Herzen. Wie lange hat er kein Gotteswort mehr gehört, wie lange schon nicht mehr gebetet und nicht mehr beten hören!

Die Gebete seiner Mutter für ihn und mit ihm, die Segnungen seines sterbenden Vaters und die Thränen seiner Schwester bei seinen leichtsinnigen Unternehmungen traten jetzt als eben so viele Engel Gottes vor sein Auge, während er sich doch wieder umringt sah von allen Sünden, die er begangen, von allen Wanderern, die er beraubt hatte, nachdem sein und seiner Schwester Gut bei Spiel und Trunk durchgebracht war, und von den Unglücklichen, die er im Zweikampfe oder im Ausbruche der Wuth nach erlittenem Spielverluste umgebracht hatte.

Diese seine Frevelthaten tauchten mit einem Male in seiner Erinnerung auf und hielten ihn als Teufel aus der Hölle fest umschlossen, daß sich die Engel Gottes ihm nicht nahen konnten. — Er bedeckte mit beiden Händen seine Augen, — er seufzte tief auf unter dem Gesang und Gebet und sah und hörte zuletzt nichts mehr von Allem, was um ihn vorging, bis William selbst auf ihn zutrat, ihm die Hand auf das gesenkte Haupt legte und mit tiefer Rührung sprach: „Möge das eine Stunde der Gnade und des Heiles sein, Bob!" —

William hatte wohl gemerkt, daß Etwas von tiefer Bedeutung mit Bob vorgehen müsse und hatte auch geahnt, was es sei.

Aber Bob fuhr starren Blickes auf und rief: „Ihr müßt mein Retter werden, William!"

„Retter — ich?" fragte William. „Christus ist Euer Retter, sonst gibt's keinen für verlorne Seelen!" —

„Und läßt er sich von mir noch finden?" fragte Bob.

„Er hat Euch bereits aufgesucht, auf seine Arme, an seine Brust genommen. Nur aushalten, Bob, bei ihm!" —

„Ihr wißt nicht, William, daß Blut an diesen Händen klebt!"

„Weiß schon. ‚Wenn euere Sünden blutroth wären, will ich sie doch schneeweiß waschen', spricht der Herr. Aber nun esset und begebt Euch zur Ruhe, Bob!" —

„Wird Beides nicht gehen. Wollt Ihr mich hier lassen, Master William, in diesem Eurem Betsaal?"

„Wohl! Der Herr mit Euch!"

William entfernte sich, und auch wir können nicht berichten, wie Bob diese Nacht in dem Betsaale zubrachte.

Wir wissen nur, daß er am andern Tage ruhig im Innern und freundlich im Aeußern sein Geschäft, den Mustang zu zähmen, begann. Die äußerst gewaltthätige Behandlung, die hiezu in Anwendung gebracht wird, bringt es mit sich, daß nur rohe und verwilderte Menschen, verwegene Reiter und starke Bursche dies Geschäft treiben. Aber Herr William mußte zu seiner Verwunderung wahrnehmen, daß Bob auch ohne rohe Gewaltthaten, ja fast mit Freundlichkeit das wilde Thier zähmte. Nur einige Male mußte er das scharfe Gebiß anwenden, mit welchem dem Pferde das Maul auf die schmerzlichste Weise zerrissen wird; und auch diese Anwendung geschah nur, um dem Thiere Angst und Furcht davor zu erregen.

Was sonst den Mustangszähmern nicht selten begegnet, daß die Pferde sie angreifen mit Beißen und Schlagen und einen Kampf auf Leben und Tod mit ihnen beginnen, das widerfuhr dem Bob nicht; und Herr William fand den Grund hievon in der Freundlichkeit und Milde, womit Bob das Thier behandelte.

Diese Freundlichkeit und Milde sah er aber als eine Frucht der innern Umwandlung an, welche mit Bob vorgegangen war. Von dieser innern Umwandlung legte Bob auch sonst Beweise ab. William hatte ihm von New=Orleans Kleider kommen lassen und freute sich sehr, als Bob sie mit Wohlgefallen anzog. Nur in die gottesdienstlichen Versammlungen nach Lynchburg, wohin am Tage des Herrn die ganze erwachsene Hausgenossenschaft Williams ging, ließ er sich lange nicht bewegen.

„Bob — habt Euern freien Willen. Aber ein Mensch, der am Herrentage nicht mit den andern Christen seines Bekenntnisses zum Gottesdienst kommen mag, bringt sich selbst um den größten Segen." So redete William den Bob wiederholt an, wenn er selbst sich anschickte zum Besuch des öffentlichen Gottesdienstes.

„Ich tauge noch nicht unter Christen, die dem Herrn von Herzen dienen", entgegnete Bob. — „Ihr wißt nicht, wie es da drinnen noch aussieht." Dabei deutete er auf sein Herz. „Fürchte, es würde das Gebäude einstürzen, in dem ich zur Anbetung bin, und mit mir schlechten Kerle viele ehrliche Leute erschlagen." —

„Bob — seid kein Narr! Ihr könnt Euer Herz nicht reinigen, wie auch ich nicht. Bringt es dem dar, der's waschen und neu machen kann. Die Kirchen, die Predigten, die gemeinsamen Gebete und Gesänge der Christen sind die Mittel, dadurch Christus Herzenswäsche und Herzenserneuerung treibt. Bringt Ihr Euer schmutzig Hembe nicht in's Wasser, wird's wohl schmutzig bleiben, bis es zerreißt." —

„Müßte — fürcht' ich — vor Angst und Schrecken laut aufschreien, wenn ich unter einem Haufen frommer Christen, die Gott mit Freuden anbeten können, wäre."

„Wird wohl Mancher darunter sein, der Euch nicht nachsteht an strafbarem Wandel, Bob, — aber wohl an Reue und Verlangen nach Besserung. Bob, bleibt nicht dabei stehen, daß Ihr nur Kopf und Gesicht so über die Schulter hin nach dem Herrn umdrehet. Macht ganze Front und werft Euch vor Gott nieder, legt Euch an sein Vater= herz! Aber habt Euern freien Willen, Bob!"

Nach wiederholten Ermahnungen dieser Art brachte William endlich den Bob dazu, daß er an einem Sonn= tage in festlicher Kleidung mit den Uebrigen nach Lynch= burg zur Kirche ging. Das war ein hoher Freudentag für William.

Aber nun kam die Zeit, wo Bob mit seinem Ge= schäfte bei William fertig war und wieder hinaus wollte zur Jagd und zum Mustangsfang. Nur ungern gab dies William zu. „Wäre besser für Euch, bei mir zu bleiben", — sagte er. Fangt mit dem Lasso vielleicht ein Pferd; aber der Teufel hat auch einen Lasso — da drüben der Johnny mit seinem Rum und Kartenspiel ist ein Teufels= lasso. — Nehmt Euch in Acht, Bob, daß Ihr nicht aber= mals von ihm gefangen werdet. Ihr führt eine Kapital= büchse zur Jagd auf Hirsche und Büffel und anderes Gethier. Aber der Teufel trifft noch sicherer mit seinen feurigen Pfeilen."

„Will schon auf meiner Hut sein. Und kommt er mir zu gewaltig auf den Leib, werde ich mich eilig unter Euern Schutz begeben."

Mit diesen Worten schwang sich Bob auf das Pferd und war bald dem William aus dem Gesichte.

IV.
Die Gefahr.

Hatten die amerikanischen Pflanzer in Texas sich seither nur auf eigene Faust Gerichte aufgestellt, durch welche sie sich des schlechten Gesindels zu erwehren suchten, da dieses bei den mexicanischen Gerichten Schutz fand zum Verderben der Pflanzer, so sahen sie sich bald auch genöthigt, einen förmlichen Bund gegen die Bedrückungen und Gewaltthaten der mexicanischen Regierung mit einander zu schließen. In aller Stille und Ordnung wurde dieser Bund befestigt und ausgedehnt über alle in Texas lebenden Amerikaner. Stephan Austin, der Sohn des oben schon genannten Moses Austin, war die Seele des Bundes und William, der Friedensrichter am Jakintofluß, war eines seiner thätigsten und einflußreichsten Mitglieder.

Ihre zugesicherten Rechte nach der Verfassung von 1824 zu wahren, das war zunächst Absicht und Streben des Bündnisses. Allein die Mexicaner legten nach und nach immer mehr Truppen in die festen Plätze von Texas, führten ihre Bedrückungsmaßregeln vermittels dieser Truppen auf die kränkendste Weise durch und achteten kein Eigenthum und kein Recht der Amerikaner.

Dadurch sahen sich diese genöthigt, auch auf offenen Widerstand zu denken. Doch galt immer noch der Grundsaß bei ihnen, jedes auch nur einigermaßen billige Begehren der Befehlshaber der eingebrachten mexicanischen Truppen zu erfüllen und gegen die Rechtsverletzungen der Regierung vorerst nur durch das Wort zu protestiren.

Jahre lang setzten sie diese Art des mehr duldenden als thätigen Widerstandes fort. Da aber hiedurch die Mexiraner zu keiner bessern Rechtsübung und Gesetzesbeobachtung gebracht werden konnten, so schlossen sich die zuverlässigsten und tüchtigsten Amerikaner schon bestimmter und fester an einander und trafen Vorbereitungen, Gewalt mit Gewalt abzuwenden.

Während die Glieder dieses engern Bundes der Amerikaner in der Stille wirkten und immer noch die Hoffnung nicht aufgaben, vielleicht auch ohne Waffengebrauch von der mexicanischen Regierung gesetzmäßigere Behandlung zu erlangen, war der uns schon bekannte Wirth Johnny auf alle Weise bemüht, den Bob wieder in sein Haus und in seine Gesellschaft zu ziehen.

Dabei hatte er auch noch die Absicht, durch Bob, der nun bei dem Friedensrichter William sich öfters mehrere Tage aufhielt und von diesem mit großem Vertrauen behandelt zu werden schien, Kenntniß zu bekommen von den Planen der Amerikaner gegen die mexicanische Regierung.

Allein Bob vermied den Johnny auf das Sorgfältigste und William fing schon an, bestimmtere Hoffnung auf Bobs andauernde Bekehrung zu setzen. Wirklich war es diesem auch. Ernst mit seiner Besserung und einige Male hatte er sich durch Williams eindringliches Zureden bewegen lassen, am Sonntage den öffentlichen Gottesdienst zu besuchen.

Nur dazu hatte William es noch nicht mit ihm bringen können, daß er das unstäte Jägerleben aufgab und bei ihm feste Wohnung und dauernde Beschäftigung nahm.

Bob blieb dabei, er müsse sich durch das Erträgniß der Jagd und des Mustangsfanges so viel erwerben, daß er sich ein Eigenthum ankaufen könne, was bei seiner jetzigen Sparsamkeit und geordneteren Lebensweise, sowie bei seiner Aengstlichkeit, mit welcher er schlechte Gesellschaft vermied nebst Spiel und Trunk, bald zu erreichen sei, wie er meinte.

„Bob, Ihr kennt die Wankelmüthigkeit und Schwachheit menschlicher Vorsätze nicht, wenn sie auf Wegen ausgeführt werden wollen, auf denen einem öfter der Teufel als Christus begegnet", sagte warnend William.

Aber Bob, der eine ungewöhnliche Herrschaft über seinen Leib ausüben konnte und weder durch Hunger noch Durst, weder durch Hitze noch durch Kälte sich von der Verfolgung eines Rudels Hirsche, oder einer Heerde Büffel oder eines Haufens wilder Pferde abhalten ließ, bis er sein Ziel erreicht und eine Beute gemacht hatte, meinte, mit derselben Kraft auch die Lüste und Begierden seiner lange im Argen gelegenen Seele bemeistern zu können. Deshalb setzte er den Warnungen Williams nur die Versicherung entgegen: „Bob geht zwar allein, aber ist nicht mehr allein. Darum fürchtet er sich nicht."

Wirklich betete Bob auch in der Stille des Waldes und der Prairie oft um Gottes Gnadenbeistand zu dem

Werke seiner Heiligung. Und nicht selten drangen Gefühle durch seine Seele, die ihm mit Freudigkeit die Erhörung seines Gebetes und den Beistand des heiligen Geistes zusicherten.

Aber oft auch wurde er plötzlich von solcher Angst ergriffen, daß er lieber an seine ewige Verdammniß glaubte, als an seine Begnadigung vor Gott und an die Vergebung seiner Sünden um Christi willen.

In einem solchen Zustande der Angst und der Verzweiflung lag er einstmals mehrere Stunden lang auf einer wellenförmigen Anhöhe in der Prairie, durch welche er soeben geritten war, um einer Heerde Mustangs nachzuspüren. — Da erregte ein in der Ferne sich erhebender Rauch seine Aufmerksamkeit. Als ein vieljähriger Prairienjäger wußte er gleich, woher dieser Rauch komme, und konnte auch leicht die Gefahr ermessen, welche sich ihm nun nahte.

An dem Feuerstrom, der sich Welle auf Welle gegen ihn her wälzte, an den Wirbeln des Rauches, der immer dichter wurde und bald mächtige Säulen bildete, bald wieder zur Erde niedergedrückt wurde, als sollte er die dahinströmende Gluth auslöschen, merkte er, daß an ein Entfliehen nicht mehr zu denken sei. Sein Pferd schnaubte gewaltig und bäumte sich hoch, um der Hand des Führers sich zu entwinden und Rettung in der Flucht zu suchen. Doch sein nerviger Arm hielt das Pferd fest, bis er vor der immer heftiger heranstürmenden Rauchmasse und vor der Hitze des laufenden Feuers, dessen Nahrung das lange dürre Gras der Prairie war, gezwungen wurde, sich auf das Gesicht hin zur Erde niederzuwerfen. Denn das Feuer eines solchen Prairiebrandes zu entrinnen, ist selbst dem besten Pferde nicht immer möglich, zumal wenn es noch einen Reiter tragen soll.

Ein Flug Vögel um den andern schwirrte mit Geschrei über ihn hinweg; eine Heerde Mustangs sprang mit wildem Geschnaube ganz in seiner Nähe vorüber und bald merkte er an der sengenden Hitze, daß die Feuersfluth ihm nahe sei. Mit dem Gesichte auf dem Boden ließ er Rauch und Flamme über sich hingehen. Aber die Hitze nahm ihm alles Bewußtsein. Das Feuer lief über ihn hinweg, und wie er wieder zu sich selbst kam, sah er nichts, als ringsum ein versengtes Land mit Asche überstreut, die hie und da von einem leichten Windzuge in Wolken aufgewirbelt wurde. Sein Pferd war verschwunden, nur seine Büchse nebst seiner Waidtasche lag neben ihm. Er empfand drückenden Schmerz auf der Brust und brennenden Durst. Kaum konnte er vor Erschlaffung sich ein wenig aufrichten und nach seiner Flasche mit Whisky sich umsehen. Aber zu seinem tiefen Schrecken fiel ihm ein, daß er diese am Sattelknopfe neben dem Lasso hängen und das Pferd sich bei herannahender Feuersfluth doch seinen Händen entwunden hatte, als er sich einmal zu Boden werfen mußte. So war nun mit dem Pferde auch seine Whiskyflasche — ein jetzt dringend nöthiges Labsal für ihn — verschwunden.

Was half ihm ohne einige Befeuchtung das Brod in seiner Waidtasche? Er war bei der Trockene und Dürre seines Gaumens und Halses nicht im Stande, auch nur einen Bissen hinunterzubringen.

Mühsam erhob er sich, nahm Büchse und Waidtasche über die Schulter und suchte sich von der Brandstätte zu entfernen. Aber der Boden war glühendheiß und bei jedem Tritt wirbelte ein Aschenhaufen in die Höhe gegen Mund und Augen, daß ihm das Weiterkommen fast unmöglich wurde. Zudem hatte er auf dem Aschenfelde gar keine Spur mehr, um die rechte Richtung zu treffen auf irgend eine Ansiedlung, deren es in der Umgegend einige gab. Und die Brandstätte, welche ein Prairiebrand zurückläßt, ist groß, erstreckt sich oft auf mehrere Stunden.

So stark auch sonst seine Kraft war, die Hitze, die Asche und der brennende Durst hatte ihn jetzt so abgeschwächt, daß er meinte, mit jedem Tritte zusammensinken zu müssen. Ueber die Maßen strengte er sich an, um wenigstens aus dem Aschenfelde hinaus wieder auf Grasboden zu kommen. Da er aus der Richtung, welche der Lauf des Feuers genommen hatte, schließen konnte, daß hier nicht so bald ein Ende des Aschenfeldes zu erreichen sei, weil da lange kein Sumpf oder Moorbruch war, der dem Brande ein Ziel gesetzt hätte, so schlug er seinen Weg mehr in die Quere ein. Denn zur Seite hin mußte bald ein Bach kommen, der sich in den Jakinto ergießt — das wußte er; — und so breit sind ohnedies die Brandstätten gewöhnlich nicht, die von Prairienfeuer herrühren, als sie lang sind.

Aber auch in dieser Richtung, die er eingeschlagen hatte, wollten seine Kräfte eher schwinden, als der heiße, verbrannte Boden ein Ende nahm. Auch blies ihm so der Wind die Asche mehr in das Gesicht, als früher. Oft wurde es ganz dunkel vor seinen Augen; bald schien es wieder, als zeigte sich frisches Grün ganz in der Nähe. Aber wenn er seine letzten Kräfte auf's Neue zusammen gefaßt hatte, um den lockenden grünen Rasen, in dem er sich noch einen klaren Bach hineindachte, zu erreichen, so verschwand immer wieder dies grüne Bild und machte dem abschreckenden Grau der Asche Platz.

Endlich war er nicht mehr im Stande, einen Fuß zu heben; er mußte sich niederlassen. Hätte er die Asche auch noch wegstreifen können von dem Platze, da er sich lagern wollte, so hätte es ihm doch nicht auf lange geholfen; denn der Wind würde bald den gesäuberten kleinen Raum wieder voll Asche geweht haben. Allein es war ihm vor Schwäche gar nicht mehr möglich; er mußte sich in die Asche niederlassen. Nur seine Waidtasche, die er unter das Haupt legte, bot ihm einen Raum, der nicht mit Asche überdeckt war.

Kaum aber hatte er sich niedergelassen auf die heiße Erde, so flimmerte es in allen Farben vor seinen Augen herum; — es wurde ihm ganz wirr im Kopfe und nur auf kurze Sekunden konnte er noch so viel Besinnung gewinnen, daß er seine gefährliche Lage merkte. Er wollte sich aufrichten, aber in demselben Augenblicke, da er dies wollte, verging ihm wieder alle Besinnung und er sank wie todt zurück. Und nur zehn Schritte von dem Platze, da er entfernt lag, wäre grünes Gras und ein Bach gewesen.

So mochte Bob etwa eine Stunde in einem förmlichen Todesschlummer gelegen haben, ganz nahe an dem Orte der sichersten und fröhlichsten Rettung, als eine Schaar Männer sich nahte, die nach den Waffen zu schließen, die sie trugen, Soldaten zu sein schienen, aber in ihrer buntfarbigen, in keinem Stücke übereinstimmenden Kleidung eher für Komödianten gelten konnten. Es mochten ihrer zehn sein und Einer von ihnen schien eine Art von Oberherrschaft über die Andern zu behaupten. Er ritt auch ein Pferd, das aber keineswegs für einen Soldaten gesattelt ward. Noch auf dem grünen Graslande stehend, rief Einer von ihnen: „Seht Ihr nicht, Don Capitano, daß dort ein Mensch liegt? Vielleicht ist es so ein Kaufmann der Ketzer und hat Geld bei sich. Das würde uns die heilige Maria nicht verzeihen, wenn wir es ihm ließen, da er ohnedies keines mehr zu brauchen scheint." „Riechst immer nur Ketzer und Geld! Aber zusehen müssen wir doch, ob der dort noch lebt oder nicht. Vielleicht gehört ihm auch der Caballo, den wir da aufgefangen haben, und ist ihm die Bestie ausgerissen, da sie das Feuer roch. War ein Kapitalbrand." Hierauf gingen sie vorwärts auf den bewußtlos daliegenden Bob zu; untersuchten ihn von allen Seiten, wohl mehr in der Absicht, Etwas bei ihm zu finden, als zu sehen, ob er noch lebe. Endlich rief doch Einer: „Der ist noch nicht todt; er hat noch Wärme."

„Dummkopf!" — lachten die Andern laut auf — „die Wärme kommt von dem heißen Boden, darauf er liegt. Mit ihm ist's aus."

Durch diese Verschiedenheit der Ansicht über Bob's Leben oder Tod ließ sich auch der Anführer dieser Truppe bewegen, näher zu reiten und vom Pferde abzusteigen, um selbst zu sehen, ob sie es mit einem Todten oder mit einem Lebendigen zu thun hätten. Aber wie er sich herabbeugte, um dem Daliegenden näher in das Antlitz sehen zu können, wieherte das Pferd, das er nur leicht am Zaume gehalten, laut auf und riß sich mit einer schnellen Bewegung des

Kopfes nach oben los. Statt jedoch davon zu laufen, wie der Führer und Reiter gefürchtet hatte, drängte sich das Pferd nur näher an den wie todt daliegenden Mann, beroch ihn mit weit geöffneten Rüstern und wieherte zu wiederholten Malen.

„Gebt Acht, Capitano, Ihr kommt wieder um Euer Pferd, wenn der da nicht todt ist. Wir sollten ihm lieber seine Büchse und was er sonst noch bei sich hat, abnehmen und ihn liegen lassen."

„Verdammter Dieb!" rief der Anführer. „Schnell hebt den Mann auf das Pferd, haltet ihn auf demselben fest und macht, daß wir in das nahe gelegene Wirthshaus kommen! Hättet Ihr Schurken den Whisky nicht ausgetrunken, der in der Flasche war, welche das Pferd anhängen hatte, als wir es auffingen, so könnten wir den Unglücklichen vielleicht noch in's Leben rufen. Aber bis wir ihn an einen Ort bringen, wo Labsal für ihn zu finden ist, wird es wohl aus sein mit ihm."

Während der Anführer so seiner kleinen Mannschaft zuherrschte, hatte diese den für todt Gehaltenen auf das Pferd gebracht. Zwei Mann hielten ihn fest und einer führte das Pferd, das ganz ruhig und sicher dahin schritt, gleichsam als wüßte es, daß es sich um die Rettung seines Herrn handle.

Von den Soldaten sagte aber immer Einer zu dem Andern, jedoch leise, damit es der Capitano nicht hörte: „Wir sind Narren, daß wir einen todten Mann auf's Pferd setzen und mühsam den weiten Weg durch die Prairie hinführen.

V.
Die Verſuchung.

Um dieſe Zeit waren in der Nähe von San Felippe, auf einer ausgedehnten Farm mehrere Männer beiſammen, von denen wir in einem unſern Friedensrichter William erkennen. Ein anderer von mehr ſchlanker als unterſetzter Geſtalt mit eben ſo viel Ernſt als Würde in den Geſichtszügen zieht aber vor Allen die Aufmerkſamkeit auf ſich. Denn er führt meiſtens das Wort.

„Glaubt mir" — ſagte er ſoeben — „Freund William, daß ich eben ſo wenig wie Ihr geneigt bin, mit Wiſſen und Willen gegen Gottes Wort zu handeln. Aber länger zuſehen, wie Geſetz und beſchwornes Recht mit Füßen getreten, unſer Glaube zum Geſpötte gemacht und unſer ſauer erworbenes Gut als Lockſpeiſe für Räuber und Mörder ausgeſtellt wird, wäre doch gegen alle Pflichten der Selbſterhaltung und Selbſtachtung — und das ſind doch auch Chriſtenpflichten.

„Gemach, gemach, Maſter Stephan!" — entgegnete der Friedensrichter. „„Wer das Schwert zieht, ſoll durch das Schwert umkommen."" „Das muß wahr ſein. Bleibt mein Grundſatz: Erſt wenn mich Einer mit dem Schwert angreift, mit dem Schwert zu pariren.

Hat er's weiter auf mein Leben abgesehen, will ich mich meiner Haut wehren und ihn unschädlich machen, wie ich kann. Noch haben die Mexicaner uns nicht mit dem Schwert angegriffen."

„Aber alle festen Plätze sind voll Soldaten der mexicanischen Regierung — wollt' sagen dieses Bustamente. Thut, als wenn er König wäre über uns und nicht Prä=
sident über freie, unter gleichen Rechten mit einander ver=
bundene Staaten. — Wollen wir uns erst rühren, wenn uns die Schlange ganz umringelt hat? Dann drückt sie uns alle Knochen zusammen und verschlingt uns." So fuhr der erste Redner fort, in dem wir Stephan Austin vor uns haben, den ehemaligen General der Texaner.

„Bustamente wird uns die Knochen nicht mehr zer=
drücken" — fiel hier kalt und ruhig einer der Anwesen=
den ein. — „Bin ich recht berichtet, so hat Santa Anna sich gegen ihn erhoben. Wird ihm nicht an Zulauf fehlen. Meine, wir sollten an ihn uns anschließen. Verfassung von 1824, ordentliche, gesetzliche Regierung will er haben, nicht Soldatenwirthschaft. Anders wollen auch wir nichts."

„Geb' auf den Santa Anna nicht viel" — bemerkte der Friedensrichter. — „Hat er 'mal das Heft in der Hand, dreht er die Spitze auch gegen uns."

„Aber doch" — fiel hier Stephan Austin wieder ein — „müssen wir uns dieser Bewegung anschließen und für die freie Verfassung, für unsere Rechte und für gesetzliche Ordnung unsere Stimmen erheben."

„Und unsere Arme!" schrieen hier drei oder vier der Anwesenden drein, denen man es längst ansehen konnte, daß sie an diesem langsamen Vorwärtsschreiten, an diesem ängstlichen Abwägen, ob es christlich sei oder nicht, die Waffen zu ergreifen, keine Freude hatten.

„Nun ja, unsere Arme auch erheben für freie Verfassung von 1824! Will diese Santa Anna nicht gewähren und ebenfalls unsere Rechte mit Füßen treten, so sagen wir uns von Mexico los und verbinden uns mit den Vereinigten Staaten von Nordamerika; will man das wehren durch Waffengewalt, so müssen auch wir unsere Büchsen laden. Darauf ist Vorbereitung zu treffen. Jeder mag in seinem Kreise dafür wirken." So schloß mit starker Stimme Stephan Austin.

„Einverstanden!" riefen Alle und selbst der Friedensrichter.

Die Versammlung ging nun auseinander.

Als William nach Hause ritt, kam er an Johnny's Herberge vorüber. Ein Pferd, mit dem sich einige Soldaten der Regierung vor dem Wirthshause beschäftigten, zog seine Aufmerksamkeit an. Denn er erkannte in ihm das Pferd, welches er dem Bob gegeben hatte. Daß er diesen bei Johnny finden sollte, machte ihn plötzlich sehr besorgt. Er hielt an, band sein Pferd vor dem Hause fest und ging in das Zimmer.

Eben war Johnny beschäftigt, mit einem geistigen Getränke den Bob zu laben, welcher aussah, als wenn er gerade aus einem tiefen Schlaf erwacht wäre.

William konnte nichts Anderes vermuthen, als daß Bob sich bei Johnny betrunken habe und gerieth darüber in tiefe Trauer. Denn ergab sich Bob abermals dem Trunke, so war es mit seiner begonnenen Besserung aus und die alte Sündenstraße würde von ihm wieder betreten.

Das galt dem Friedensrichter als eine ausgemachte Sache. Doch Bob wußte selbst noch nicht, wie er zu Johnny gekommen sei. Erst der Capitano gab dem Friedensrichter darüber Aufschluß. Nun nahm er sich auch gleich vor, nicht von Bob zu weichen, bis dieser aus seiner Betäubung und Ermattung so hergestellt wäre, daß er mit ihm auf seine Farm reiten konnte.

Johnny war über die Ankunft des Friedensrichters ganz ärgerlich, weil er dadurch alle seine Plane mit Bob vereitelt sah. Schon nach einigen Stunden guter Pflege fühlte sich Bob so gestärkt, daß er dem Friedensrichter Alles erzählen konnte, was ihm begegnet sei, bis dahin, wo er ohnmächtig niedersank. Willig folgte er dann demselben, der nicht unterließ, dem Capitano für die Rettung Bob's seinen Dank zu bezeigen. Dieser aber sagte: „Bin da bei Johnny jetzt in größerer Gefahr gewesen, als draußen im Prairienbrand. Seid mir als ein Engel Gottes zur Rettung gekommen."

„Nur merken, Bob, und auf der Hut sein!" fügte William in seiner abgebrochenen Sprechweise bei. Still und ohne weiter ein Wort zu sprechen ritten Beide ihres Weges fort.

Die mexicanischen Soldaten aber schalten ihren Capitano, daß er nicht wenigstens Bob's Pferd zurückbehalten habe, zumal ihnen der Ketzer nicht einmal eine Flasche Rum vorsetzen ließ für ihre Dienste, die sie seinem Jäger, dem Bob, leisteten.

„Wir müssen ihn ein ander Mal fangen!" sprach Johnny zu den Soldaten.

Allein Bob ließ sich lange Zeit nicht mehr sehen in der Nähe von Johnny's Behausung.

William hielt ihn bei sich und hatte die Freude, daß Bob nicht nur seinen Hausandachten mit innerer Theilnahme beiwohnte, sondern auch mit ihm an den Sonntagen die öffentlichen Gottesdienste besuchte. Er hielt ihn wirklich für befestigt im neuen Leben und gewährte ihm nach einiger Zeit gerne, daß er wieder auf die Jagd ausritt. Er sollte auch dabei Nachrichten auf entferntere Ansiedlungen bringen von dem Plane, der in der Versammlung zu San Felippe gefaßt wurde. Und als Prairienjäger konnte er die Verbindung unter den zerstreut lebenden Amerikanern unterhalten, ohne einen Verdacht der Regierungssoldaten zu erregen.

Eine geraume Zeit war verflossen seit jenem Unglück, das Bob beim Prairienbrande getroffen hatte und seit seiner wunderbaren Rettung durch den Capitano und durch William.

Nächst diesem fühlte er sich dem Capitano zu besonderm Danke verpflichtet und oft wollte er sich Vorwürfe machen, daß er diesem gar noch keinen Beweis seiner Dankbarkeit gegeben habe.

Da traf er ihn einmal nicht ferne von Johnny's Wirthschaft mit einigen seiner Soldaten, die bei seiner Rettung thätig waren, und da ihn der Capitano freundlich begrüßte, so hielt er es für fromme Pflichterfüllung, in irgend einer Weise den früher versäumten Dank gegen seine Retter nachzuholen. Hatte er sich ja gar noch nicht einmal genauer erzählen lassen, wie sie ihn auffanden und in Johnny's Hause wieder zu Bewußtsein und Leben brachten.

Bei einer Flasche Rum und einem kräftigen Mahle an Johnny's Tische dies vom Capitano sich erzählen zu lassen und dadurch, daß er für ihn und seine Soldaten das Verzehrte bezahle, sich erkenntlich und dankbar zu zeigen, — dem konnte sich Bob jetzt nicht entziehen.

Und Niemand war eifriger darauf bedacht, den Bob in Wärme und Selbstvergessenheit zu bringen, als Johnny. Bald war ihm dies auch vollkommen gelungen.

Einer wüsten in Trunk und Spiel zugebrachten Nacht folgte ein noch wüsterer Tag. Und als Bob endlich nach einigen Stunden Schlaf wieder Nüchternheit und Besinnung erlangt hatte, so war er voll Zorn und Wuth über seinen Rückfall in das alte Sündenleben, voller Scham und Schande, wenn er an William und seine Warnungen dachte, voll Ingrimm gegen den Johnny und gegen den Capitano, die ihm seine Kasse durch Spiel geleert und auch noch sein Pferd abgewonnen hatten.

Als er seine Büchse sah, ergriffen ihn zuerst Rachegedanken gegen Johnny. — „Dieser allein ist Schuld an meinem neuen Elende" — sagte er zu sich. „Wäre am Besten, ich machte ihn kalt!" — Doch William's Bild erhob sich in seiner Erinnerung und er gab diesen Rachegedanken gleich wieder auf. Ohne das Erwachen des Capitano's und Johnny's zu erwarten, stürzte er fort, seine Büchse über die Schulter und die Waidtasche umhängend.

Aber er sah nichts, was er hätte erlegen können. Es trieb ihn auch mehr die Verzweiflung in der Prairie und in den dichtesten Wäldern umher, als das Verlangen, eine Jagdbeute zu machen. Einige Male blieb er stehen,

ergriff seine Büchse und zeigte den Entschluß, sich selbst zu erschießen. Doch plötzlich warf er die Büchse weit von sich weg, fiel auf das Angesicht nieder und weinte laut. Wieder erhob er sich und brummte sich mit Zähneknirschen selber zu: „Nein — zu William kannst Du nicht mehr!"
„Was thäte der Teufel vor dem Engel?" Darauf setzte er seine Schritte wieder fort, ohne darauf zu achten, wohin und in welcher Richtung er ging. Ein Rudel Hirsche, das an ihm vorüber sprang, brachte ihn zur Besinnung. — Wie von einem geheimen Zuge überwältigt, legte er seine Büchse an und ein stattlicher Hirsch lag in seinem Blute. Mit diesem Schuß kam ihm wieder Lust zum Leben, und wie er vor dem verendenden Thier stand, sprach er zu sich: „Hättest Du nur Haut und Fleisch an Mann gebracht! Aber wohin damit, da ich zu William nicht mehr darf?"

„Wohin damit —? zu uns, Freundchen! Werdet mit dem Schußgeld zufrieden sein." So ließ sich eine Stimme neben Bob hören und als dieser nach dem Sprecher sich umwandte, sah er einen mexicanischen Mönch vor sich, der plötzlich wie aus der Erde heraufgestiegen erschien.

Bob maß den Mönch mit stieren Blicken vom Kopfe bis zum Fuße, gleichsam als wollte er sich überzeugen, ob es ein wirklicher Mensch und nicht ein Gespenst sei.

Dieser aber sprach in kichernder Freundlichkeit: „Hi, hi! haltet mich doch nicht für den höllischen Satanas oder für einen Geist? Helft mir diesen Braten da aufpacken und in unsere Behausung bringen! soll Euch an gutem Schußgeld nicht fehlen. Und könnt Ihr öfter gute Bissen in die Küche liefern, werdet Ihr bei uns immer willkommen sein, hi, hi!"

Bob wollte sich gerade in Widerwillen vom Mönche abwenden, als ihm einfiel, wie nothwendig er jetzt Abnahme seiner Jagdbeuten brauche, da er von diesem Erwerb allein leben könne und zu William nicht eher kommen wolle, bis er sein Pferd wieder an sich gebracht und auch wieder sich also von seinem neuen Sündenfall erhoben habe, daß er vor dem Friedensrichter erscheinen dürfe ohne allzu tief beugende Scham.

„„Wo seid Ihr her?"" fragte er deshalb kurz und barsch den Mönch.

„Woher, verehrter Don? hi, hi! Da drüben von der Mission. Sollen Ketzer= und Rothhäut=Seelen fangen, sind aber froh, wenn wir gute Braten auf den Tisch bekommen und Whisky, hihihi!"

„„Und wie weit ist auf Euere Mission?""

„O nicht so weit, daß wir nicht diesen da (hiebei deutete der Mönch auf den verendeten Hirsch) mit Haut und Haaren hintragen können, wenn Ihr nur wollt, verehrter Don, hihihi!" —

Ohne ein Wort weiter zu sprechen, griff Bob nach seinem Waidmesser und schnitt in dem Gebüsche, vor dem sie standen, ein Paar tüchtige Stangen von jungen Eichstämmen ab. Diese brachte er herbei und legte den Hirsch querüber. Drauf rief er dem Mönche zu: „Nun greift an und geht voraus!" Mit mehr Geschick und Kraft, als man von einem Manne in der Mönchskutte hätte erwarten sollen, hob dieser die vordern Enden der Stangen in die Höhe, während Bob das Gleiche an den hintern Enden that. Nun legte jeder die Stangen auf seine Schultern und so trugen Beide den erlegten Hirsch mit Leichtigkeit weiter. Der Mönch schien in der freudigen Aussicht auf die guten Mahlzeiten, welche das Stück Wildpret bieten werde, die Last auf seinen Schultern gar nicht zu bemerken und schritt rasch vorwärts. Bob war ermattet von dem Umherschweifen, noch mehr von seiner innern Unruhe und Aufregung, also daß er kaum dem Mönche nachkommen konnte. Doch schämte er sich, diesen zu langsamem Marsche aufzufordern.

Nachdem sie aber bereits eine Stunde lang gelaufen sein mochten, rief Bob mürrisch: „Wenn Euer Eulennest nicht bald erreicht ist, so werf ich Euch das Thier auf den Rücken, daß Ihr drunter ersticken müßt."

„Werden gleich dort sein, verehrter Don!" Nur noch einige hundert Schritte; da hinter diesem Gebüsche liegt unsere heilige Behausung. Wäre Schade um meinen guten Appetit, wenn Ihr nicht aushieltet. Hihihi!"

Wirklich gelangten sie auch nach einigen Minuten an ein langes, massives und wohl befestigtes Gebäude, in dessen Ringmauer auch noch eine Kirche mit einem Steindache stand. Etwa sechs oder acht Mönche und einige dienende Brüder bewohnten dies Gebäude. Es war eine Missionsstation, wie deren der katholische Eifer der Spanier mehrere in Texas errichtet hatte zur Bekehrung der amerikanischen Ketzer, die sich da angesiedelt hatten und noch ansiedeln würden.

Doch begnügten sie sich, wenn sie hie und da einen Verbrecher bekamen, der sich von ihnen in den Schooß der heiligen Maria bekehren ließ, um der verdienten Todesstrafe zu entgehen. An Rothhäute wagten sie sich schon gar nicht mit ihren Bekehrungsversuchen, mehr aber an Rum und Whisky und an tüchtige Portionen Fleisch jeder Gattung, wie sie es gerade bekamen. Sie trieben auch gewöhnlich einen Handel mit Häuten von Hirschen, Büffeln und andern Thieren und suchten durch den Gewinn wieder ihren Bauch zu erfreuen.

Es war daher großer Jubel bei den anwesenden Mönchen über die Ankunft des Bruder Lorenzo mit seiner Begleitung.

Der Handel mit Bob war bald abgemacht. Man setzte ihm Speise und Trank vor, wovon er nur wenig genoß. Einer oder der Andere von den Brüdern wollte ein Gespräch mit ihm anknüpfen, aber er war entweder wirklich in so ernstes Sinnen vertieft, daß er ihre Anreden nicht hörte, oder er wollte sie nicht hören und antwortete mit keiner Silbe. Endlich, nachdem er sich ausgeruht hätte, rief er dem gerade mit einem Stück des bereits ausgeweideten Hirsches vorübergehenden Bruder Lorenzo zu:

„Wie heißt die nächste Stadt?"

„Harrisburg, verehrter Don."

„Wie weit von hier entfernt?"

„Zwei Leguas (Meilen), verehrter Don."

„Nach welcher Richtung?"

„Nach Aufgang — dem Meere zu, verehrter Don."

Während diesen Fragen und Antworten hatte Bob seine Büchse aufgenommen und sich von seinem Sitze erhoben.

Sobald er die Bezeichnung der Lage der Mission

und der nächsten Stadt vernommen hatte, ging er weiter; — aber nicht Harrisburg zu, sondern mehr in nördlicher Richtung. Bruder Lorenzo rief ihm nach: „Kommt doch bald wieder, verehrter Don? Gevögel — so ein Truthahn wäre angenehm!"

Ohne eine Antwort zu geben, eilte Bob fort.

„Ein verstockter Ketzer!" — sagte Bruder Lorenzo zu einem gerade vorübergehenden Mönche. „Aber ein vortrefflicher Schütze! Hab' ihn beobachtet, mit welcher Schnelligkeit und Sicherheit er den Hirsch erlegte, ohne vorher sich nur umzusehen, wo Etwas herkäme, oder auch nur die Büchse von der Schulter zu nehmen. Sage dir, Bruder Mattheo, ein Kapitalschütze. Wenn wir diesen als Jäger für unsere Mission gewinnen könnten, fehlte es uns nie an allen Sorten Wildpret." —

VI.
Der Fall.

Schon am folgenden Tage sehen wir Bob wieder auf Johnnys Herberge zuschreiten. Er hatte das Geld für den an die Mission abgelieferten Hirsch in der Tasche und den Entschluß im Herzen, nun durch's Spiel sein Pferd wieder zu gewinnen und dann dem Johnny auf immer Valet zu sagen.

Hätte er sich ohne Pferd vor den Friedensrichter gewagt, so wäre er auch diesmal nicht mehr zu Johnny gegangen. Allein er hätte doch dem Friedensrichter sagen müssen, wie er um das Pferd gekommen sei, und zu gestehen, daß er sich abermals von Trunk und Spiel habe umstricken lassen, dessen schämte er sich, das wollte er nicht. Es fiel ihm mit Zentnerlast seine Unachtsamkeit gegen Williams Wort auf die Seele: „Der Teufel hat auch einen Lasso! — da drüben der Johnny mit seinem Rum und Kartenspiel ist ein Teufelslasso." — Und doch begab er sich jetzt abermals in die Schlinge dieses Lasso. Er war sicher, daß er diesmal sich nicht vom Rum bemeistern und sich nicht vom Johnny im Spiel übertölpeln lasse.

Als dieser ihn von ferne auf sein Haus zuschreiten sah, wurde ihm bange. Denn er fürchtete, Bob würde kommen, um blutige Rache an ihm zu nehmen wegen der Schelmenstücke, womit er ihn zu Rausch und Spielverlust gebracht hat.

Um seine Angst nicht merken zu lassen, rief er ganz freundlich dem Bob entgegen: "Kommt mir daher, wie gerufen, Freundchen! Wußte gar nicht, was Euch von mir fortgetrieben? Hätten ja nach unserm Schläflein das Spiel fortsetzen und Euch das Pferd wieder gewinnen lassen können. Nun habe ich dem Capitano seinen Antheil daran abgekauft und Ihr könnt von mir den Caballo haben. Zahlt mir dran, wann Ihr wollt."

"Möchtet mich wieder in Euer Schuldbuch haben?" brummte Bob dem Wirthe finster zu. — "Werde die Sache besser machen und das Pferd erhalten, ohne Euer Schuldner zu werden."

Ueber diese Rede erschrack Johnny, denn er meinte, Bob wolle ihm das Pferd mit Gewalt abnehmen. Und er gerade ganz allein in seinem Hause war, so hätte er sich einer Gewaltthat Bobs nicht zu widersetzen gewagt. Aber um sein Erschrecken zu verbergen, sagte er mit schmeichelnder Freundlichkeit: "Dachte mir's doch, daß Bob bald so viel Münzen machen werde, als dieser Caballo werth ist. Vierzig Dollar kann Bob schnell erwerben!"

"Vierzig Dollar wollt Ihr für mein Pferd? — Ihr sollt fünfzig dafür haben; ist's werth."

Johnnys Gesicht verklärte sich ganz bei dieser Aeußerung Bobs; denn er dachte, Bob habe so viel Geld und wolle es ihm baar auszahlen für das Pferd. Aber ehe er seiner Freude weiter Ausdruck geben konnte — fuhr Bob fort:

„Bringt nur die Karten, Johnny! wir spielen um das Pferd bis auf fünfzig Dollar. Hab' ich so viel gewonnen, dann nehme ich das Pferd."

„„Wenn Ihr aber verliert?"" fragte bedenklich Johnny.

„Ich muß gewinnen, sag' ich Euch!" antwortete Bob. „Bringt nur die Karten!"

„„Aber doch auch eine Flasche Rum dazu?""

„Werd' schon fordern, was ich will!"

Johnny konnte gar nicht absehen, was Bob im Sinne habe und doch wagte er nicht, das Spiel zu verweigern. Aber lieber wäre es ihm gewesen, wenn noch andere Gäste anwesend gewesen wären. Denn so allein zu sein mit Bob und in seiner Aufregung, bei seinem merkbaren Ingrimm, war ihm gar zu unheimlich.

Das Spiel begann. Und sei es, daß Johnny aus Angst seine Spielerkunst nicht anwenden konnte, oder daß er sie aus Furcht absichtlich nicht anwenden wollte, — Bob gewann Dollar auf Dollar.

Darüber verlor sich allmählich sein Ingrimm und wie das Johnny wahrnahm, sagte er: „Aber nun muß doch eine Pause gemacht werden zum Essen und Trinken."

„Keine Pause!" — befahl Bob. Man kann auch zum Spielen essen und trinken."

Johnny war schon froh, daß er's so weit mit Bob hatte und wollte eilig nach Rum und Schinken laufen.

„Könnt Ihr nicht Eueren Burschen rufen zum Dienste?"

„„O den hab' ich heute mit dem Capitano nach San Antonio gesendet. Bin ganz allein.""

„Nach San Antonio? in das von Mexicanern be=
setzte Fort?" fragte Bob mit stechenden Blicken auf Johnny;
dieser aber stand soeben auf und ging zur Thüre hinaus,
um Schinken, Brod und Rum herbeizuholen.

„Daß nur der Schurke nichts gemerkt hat und auf
Verrath sinnt!" sagte Bob für sich.

Sobald Speisen und Getränk auf dem Tische war,
griff Bob wieder zur Karte, zugleich aber expedirte er
auch ein Stück Schinken nebst Maisbrod unter die Zähne,
und als dieses zusammen während des Spieles zerarbeitet
war, that er einen tüchtigen Zug aus dem nebenstehenden
Glase.

Das däuchte dem Johnny wie der erste Strahl des
Morgenroths nach einer finstern, gefahrvollen Nacht. Und
mit jedem Trunke Bobs verklärte sich das Antlitz Johnnys
mehr. Bald wich auch das Glück des Spiels von Bob;
und von bereits dreißig gewonnenen Dollars ging es wieder
abwärts auf zehn, auf fünf und endlich mußte der Vor=
rath in Bobs Tasche angegriffen werden.

Immer mehr steigerte sich der Zorn, aber auch der
Rausch Bobs; und Johnny saß auf seinem Stuhle wie
auf glühenden Kohlen und die Karten brannten in seinen
Fingern wie brennender Schwefel. Da öffnete sich die
Thüre und ein Fremder trat herein von kräftigem und
wohlhabendem Aussehen.

Dem Johnny war's, als erschien ihm ein rettender
Engel vom Himmel in diesem Fremden. Er war nun
doch nicht mehr allein mit Bob.

Der Fremde ließ sich Essen und Trinken vorstellen,
ließ das Pferd, auf dem er ritt, abfüttern und schielte

mit immerwährendem Kopfschütteln auf Bob und Johnny herüber, wenn diese ihr Spiel fortsetzten.

Endlich zahlte er. Aber wie sich Johnny erhob, um dem Fremden die Rechnung zu machen, hatte Bob auch seinen letzten Dollar verloren.

Wüthend sprang er auf und zur Thüre hinaus.

Johnny lief ihm nach und flüsterte ihm leise zu: „Bob! wenn Du kein Hasenherz bist, kannst Du um ein halb Loth Blei ein reicher Mann werden. Hast Du die reich gespickte Geldkatze des Fremden nicht bemerkt?"

Allein Bob schien die Einflüsterung Johnnys gar nicht zu beobachten, sondern raste durch die Hausthüre fort in's Weite.

In wilder Wuth rannte er nun davon, ohne Plan, ohne Absicht. Wie in einer Walkmühle hämmerte es in seinem Herzen und wie ein Rad ging es in seinem Kopfe herum. Den letzten Dollar abermals verloren und sein Pferd wieder in Johnnys Händen — das drehte ihm alle Sinne zu einem wirren Knäuel ineinander.

„Ein halb Loth Blei" — „gespickte Geldkatze" — „Hasenherz" — so tönten Johnnys Worte wieder durch den eigenen Gedankenknäuel und Zornessturm.

Während er so herumrennt, ohne selbst zu wissen, wo? wird es Abend. Gerade biegt er um eine Waldecke am Jakintoflusse herum, da ruft ihm eine Stimme zu: „Wohin des Weges, guter Freund?" —

Bob erhebt seine Augen und erkennt den Mann mit der gefüllten Geldkatze in dem Reiter, der ihm so zurief.

Ehe Bob noch eine Antwort gab auf die an ihn gestellte Frage, sagte der Reisende weiter: „Ihr seid ja, glaub' ich, der Mann, den ich drüben in der Herberge gesehen?"

„Und wenn ich's bin, was kümmert's Euch?" fuhr ihn Bob zornig an.

Arglos und ihn zu begütigen fuhr der Fremde fort: „Seid in übler Laune, wie es scheint, durch Euern Verlust im Spiele. Ich würde meine Dollars nicht auf Karte und Würfel setzen. Seht mir auch nicht aus wie Einer, der viele Dollars zu verlieren hat."

Da macht sich Bob näher an den Reiter, der nichts Arges befürchtet, und brummt mit Heftigkeit heraus: „Hab' Alles verloren, Alles — sag' ich Euch. Nicht einen Deut hab' ich mehr zu einem Bissen Kautabak."

„Da läßt sich abhelfen", — begütigte der Reiter. „Bin zwar kein reicher Mann und habe Weib und Kinder. Aber einem Landsmann zu helfen, ist Bürger= und Christenpflicht." Hierauf zog er seine Börse heraus und reichte dem Bob einen Dollar. „Nehmt das, Landsmann!" sagte er dazu. Aber Bob entgegnete mit verzerrten Gesichtszügen: „Bin kein Bettler. Aber halb Part! wollt Ihr?"

„Nein, das nicht. Habe Weib und Kinder, denen gehört, was ich habe."

„Halb Part!" rief Bob mit wilder Geberde, — „oder —"

„Oder?" sagte vorsichtig um sich blickend der Reiter und griff nach seiner Büchse über dem Rücken. „Treibt's nicht weiter! Es möchte Euch gereuen. Und was Ihr vorhabt, bringt keinen Segen!"

Aber Bob hört und sieht nichts mehr. „Für ein halb Loth Blei ein reicher Mann!" das drängt sich in

seine Ohren. Die „gespickte Geldkatze" steht vor seinen
Augen. Schneller, als der Reiter, ist er mit seiner Büchse
fertig. Blitz und Knall — und der Mann fällt rückwärts
über seinen Gaul herab. „Bin ein todter Mann!" röchelt
er noch. „Gott sei mir gnädig und barmherzig! Mein
armes Weib, meine armen Kinder!"

Mit dem letzten Hauche dieses Mannes war dem
Bob alle Raub- und Mordlust wieder verflogen. Aber
leider zu spät. Einen lang gezogenen Seufzer ächzte er
aus der Tiefe der Brust hervor, und ließ vor dem Leich=
nam des Ermordeten die Arme und das Haupt sinken
und seine Büchse zur Erde fallen.

„Gott sei mir barmherzig! — so konntest du beten,
armer Mann; ich nicht mehr. Nein, nein — für mich
ist's um und aus mit der Barmherzigkeit Gottes! Aber=
mals ein Mörder!" So schrie Bob in verzweiflungsvollem
Tone vor sich hin.

Einige Zeit blieb er vor dem Ermordeten stehen, dessen
Pferd längst die Flucht ergriffen hatte. Endlich sah er sich
um, wo er denn eigentlich wäre. Ganz in der Nähe be=
merkte er eine ihm wohl bekannte Furth über den Jakinto
und am Saum eines Waldes stand ein Baum, eine Lebens=
eiche, welche in der ganzen Gegend unter dem Namen
„der Patriarch" bekannt war.

Wohl ein Patriarch der Pflanzenwelt! Wie eine Er=
scheinung aus der Urwelt stand er da. Eine ungeheure
Masse, von einem fabelhaften Umfange, starrte er wohl
hundert und dreißig Fuß in die Höhe. Und Alles —
Stamm und Aeste, Zweige und Blätter — war von Mil=
lionen weißgräulicher Schuppen mit unzähligen Silberbärten

überdeckt. Diese zahllosen Silberbärte, oben kürzer, unten länger, glänzten im Abendrothe in so schauerlichen, gespensterhaften Gebilden hervor, daß einem weniger mit solchen Erscheinungen bekannten Manne, als Bob war, es hätte vorkommen müssen, als blickten hunderte von Gespenstern wie drohend von diesem Baum auf ihn her. Die Strahlen der untergehenden Sonne, durch Silbermoos und Schuppen und Blätter und Bärte gebrochen, drangen grün und roth, gelb und blau, wie durch die gemalten Fenster eines Domes ein bis zu dem umfangreichen Stamm, der wie ein Fels da stand und die auffallenden Strahlen zurückwarf.

Bei dem Anblicke dieses Baumes in dieser Erleuchtung erzitterte Bob einige Minuten. Bald aber ergriff er den Leichnam des Ermordeten, schleppte ihn in das Dunkel des Patriarchen an eine Stelle, die durch Moosbärte, welche wohl 40 Fuß lang herabhingen bis auf den Boden, ganz versteckt war, und fing nun an, mit seinem Waidmesser eine Grube zu machen.

Während dieser Arbeit drang oft ein menschlicher Seufzer durch das Dickicht der Moosbärte und Aeste hervor, hinter welchem Bob sich befand mit dem Todten; oft aber hörte man dahinter ein Stöhnen, Aechzen und Heulen, daß man nicht wußte, ob das Töne von wilden Thieren oder von Wesen aus einer andern Welt seien.

Das Grab war nun gemacht und der Gelöbtete hineingelegt. Einen Augenblick schien sich Bob zu besinnen, ob er die gespickte Geldkatze nehmen oder mit vergraben sollte. Aber mit dem durchschneidenden Ruf: „Verdammtes Geld!" war sein Entschluß gefaßt. Er bedeckte den Leichnam sammt der Geldkatze mit Erde und eilte dann fort in das Dunkel der Nacht hinaus, die inzwischen hereingebrochen war.

Wohin er sich wandte, überall meinte er den Reiter zu sehen, wie er getroffen von seiner Kugel vom Pferde stürzte. Jeder Ton, der durch die stille Nacht hindurch von einem Vogel der Prairie oder von einem andern Thiere des am Jakinto sich hinstreckenden Waldes vernommen wurde, schien ihm das Röcheln des Sterbenden zu wiederholen. Und dabei grinste in seinen Ohren immer wieder die Stimme Johnnys, da er sprach: „für ein halbes Loth Blei ein reicher Mann!" —

„Ein verfluchter Mann bin ich — jetzt mehr, als je!" so rief Bob aus und sank ermattet und erschöpft unter einem Baum hin. Die Strahlen des Mondes beleuchteten sein verzweiflungsvolles, verzerrtes Antlitz und machten es noch schauerlicher, als es ohnedies schon war.

VII.
Das Gericht.

An Bustamentes Stelle in der Präsidentschaft über die vereinigten mexicanischen Staaten war Santa Anna gekommen; — aber besser ist dadurch nichts geworden im Regimente. Die Texaner sahen sich daher immer näher ihrem Wunsche und Ziele der Trennung von Mexico und der Vereinigung mit Nordamerika zugedrängt. Bisher bildete Texas mit Cohahuila gemeinschaftlich einen Staat. Nun faßten sie den Entschluß, als eigener und allein stehender Staat sich zu constituiren und diesen Entschluß an die Generalregierung in Mexico zu berichten.

Oberst Austin sollte diese Botschaft dahin bringen, obschon er selbst den gegenwärtigen Augenblick für ganz ungünstig hielt zur Durchführung der Trennung. Wirklich wurde er auch bei der Generalregierung kaum angehört und bei der Anarchie, die in der Hauptstadt von Mexico herrschte, konnte er durchaus nichts zu Gunsten seines Landes erzielen. Da schrieb er nach Hause, man solle aus eigener Macht eine selbständige von Cohahuila getrennte Verfassung bilden. Dieser Brief wurde aber von Bexar aus, wohin er adressirt war, sogleich nach Mexico zurückgesendet, und während Austin auf dem Wege nach Hause war, wurde er verfolgt, in Saltillo erreicht und nach Mexico in einen Kerker der Inquisition gebracht, worin er drei Monate, ohne Verhör, ohne Anklage und ohne alle Verbindung mit seinen Freunden schmachtete.

Auf die Nachricht hievon verbreitete sich in Texas eine allgemeine Erbitterung und es bildete sich jetzt schon eine starke Macht der Stimmen, die sogleich gänzliche Trennung von Mexico als dringend nothwendig forderten.

Ein Zwiespalt zwischen Santa Anna und dem Generalcongreß in Mexico gab zu neuen Verwirrungen Anlaß, hatte aber doch die Folge, daß Austin von Santa Anna frei gelassen und nach Texas zurückgesandt wurde, um dort die Parteien zu vereinigen und für Santa Anna zu gewinnen, der versprach, Alles für das Wohl von Texas thun zu wollen.

Doch war die Verwirrung auch in Texas so groß, daß nur die persönliche Ehrenhaftigkeit der amerikanischen Ansiedler und die Zähigkeit, womit sie aller Widerspenstigkeit sich entgegenstellten, einigermaßen noch die Ordnung unter den eigentlichen Bürgern aufrecht erhielt und den Staat vor gänzlichem Zerfall bewahrte.

Die Trennung von Cohahuila war ausgesprochen, aber eine neue Gesetzgebung für das einzeln stehende Texas war noch nicht geschaffen und auch diese sollte immer noch wenigstens den Schein eines Verbandes mit Mexico wahren, als Versuch, ob der Ungerechtigkeit und Bedrückung durch die Centralregierung und ihre Truppen in Texas gesteuert werden würde, wenn dies auch ferner bei Mexico zu bleiben Versprechen und Gewährschaft leistete.

Unter solchen schwankenden Verhältnissen, bei solchem Widerspruch zwischen dem innern Wunsch der Menge und den vorsichtigen, probirenden Schritten der Stimmführer, wurde der Einfluß und die Gewandtheit Austins sehr vermißt. Während der Abwesenheit des Stephan Austin war der Friedensrichter besonders stark in Anspruch genommen zur Unterhaltung der Verbindung zwischen den Patrioten von Texas und zur Beseitigung der Widersprüche, die auch unter ihnen noch hervortraten in Bezug auf die Trennung von Mexico. Er selbst glaubte, der Zeitpunkt hiezu sei noch nicht so günstig und auch noch keine drängende Veranlassung vorhanden. Um die Voreiligen zurück zu halten, mußte er allenthalben im Lande Verbindungen unterhalten und Botschaften an verschiedene einflußreiche Männer entsenden, wozu ihm Bob schon längst gute Dienste leistete. Gerade jetzt hätte er seiner sehr bedurft, und er konnte nicht begreifen, weshalb dieser sich schon so lange nicht bei ihm sehen ließ.

Dieser aber war auch den folgenden Tag nach seiner schauervollen Mordthat unstät in den Wäldern und in der Prairie am Jakinto umhergeirrt mit einer Zerknirschung, einer Angst und Verzweiflung, die seine Brust zu zersprengen drohte. Ueberall allein und doch sein eigener böser Geist, der ihn umher trieb und nirgends Ruhe ließ; in dieser schönen schmuckreichen Natur an sich selbst nur Greuel und Scheuel des Lasters und des Verbrechens; unter den tausendfachen Stimmen und Gesängen der Vögel in Gebüsch und Wald immer wieder der Anklageruf des Gewissens mit seiner Mark und Gebein erschütternden, schneidenden Schärfe: — es war ein Zustand der Höllenqual, worin sich Bob jetzt befand.

In volkreichen Ländern kann der unentdeckte Ver=

brecher leben, denn das Gottesgericht im Innern wird durch die Mannigfaltigkeit der Ereignisse, der Menschen und der Anschauungen zurückgedrängt und zum Schweigen gebracht.

Aber in einem Lande wie Texas, wo auf einem Flächenraume von drei Vierteln Deutschlands nur 35,000 Menschen wohnten, muß der Mörder stets auch allein sein mit seinem Verbrechen und seinem Gewissen — und das kann in die Länge kein Verbrecher aushalten, in dem je einmal das Gewissen durch Gottes Wort erweckt war, wie in Bob.

Unter Menschen kann sich auch der Verbrecher leichter tragen; denn er sieht ihre Sünden und beobachtet am schärfsten ihre Schlechtigkeiten. Da wird's ihm oft sogar wohl bei seinen Thaten, wenn er wahrnimmt, wie oft Menschen mit noch gräulichern Werken, als er verübt hat, doch in Ehren stehen in der menschlichen Gesellschaft, blos weil sie durch ihr Vermögen und ihre Stellung gesichert sind vor Anklage und Verurtheilung.

„Bist noch ein vortrefflicher Mensch gegen solche Leute — und hättest du Geld und Glück gehabt wie sie, würdest du sicher nicht auf deine Lasterbahn gerathen sein, geschweige auf ihre!"

In solcher Weise kann in volkreichen Ländern und Städten der unentdeckte Verbrecher sich selbst beruhigen.

Aber ein Verbrecher, der keine — oder höchst selten einige Menschen sieht, der dagegen in einer majestätischen, wundervollen Natur herum wandeln muß, sieht in dieser Reinheit, Heiligkeit und Lieblichkeit der Werke Gottes nur um so schreckenerregender die Abscheulichkeit seiner eigenen Thaten. —

Das fühlte auch Bob jetzt bei seiner verbrecherischen That, die er in Texas verübt hatte. Das liebliche und warme Licht der Gnade Gottes in Christo war doch schon auf seine Seele gefallen und indem er sich nun für einen Menschen hielt, der bei Gott keine Gnade mehr finden könne und doch auch das Leben zu ertragen unfähig sei, triebs ihn schon am zweiten Tage nach seiner verübten Mordthat, sich selbst dem Richter zu übergeben.

Es war William, der Friedensrichter am Jakinto, sein treuester Rather und besorgtester Freund, zu dem nun Bob ging, sich selbst anzuklagen.

Von ferne sah William den Bob schon auf seine Farm zukommen. Aber daß er nicht zu Pferde war, und so langsam daher schritt, fiel ihm auf.

„Muß ihm was Besonders in den Ritt gekommen sein!" sprach der Friedensrichter für sich.

Als nun Bob näher kam ohne ein Auge zu erheben und als auf seinem Gesichte der Friedensrichter die deutlichsten Spuren innerer Qual wahrnahm, da rief er dem Bob zu: „Was ist's, Freund! daß Ihr so zu mir kommt?"

„Nicht Freund, — Verbrecher!" brummte Bob und seufzte dabei so tief auf, als wäre zu diesem Worte aller Lebensathem auf einmal aus seiner Brust aufgeboten worden.

„Ihr Verbrecher?" Nun früher — in Alabama, Mississippi, aber nicht hier?"

„„Hier, — draußen an der Furth — gestern.""

„Aber doch nicht —?"

„„Ja! Räuber, Mörder bin ich. Pferd und Geld

bei Johnny im Spiel verloren und drauf den Frem=
den — —""

„Ach, daß die Gnade Gottes Euch vergeblich geboten
war aufs Neue!"

Mit einem fürchterlichen Gebrüll, daß aber doch die
tieffste Zerknirschung verrieth, rief Bob: „„Darum Gerech=
tigkeit, Gericht, Tod! unter dem Patriarchen hängen, wo
der arme Mann liegt. Muß so sein!""

„Bin nicht Richter und Urtheilsprecher allein. Kommt
morgen wieder!" So sprach William zu Bob und ent=
fernte sich, vom tieffsten Schmerz bewegt über Bobs schreck=
lichen Fall.

Auch dieser ging eben so gebeugten Hauptes wieder
ab, wie er gekommen war.

Auf den andern Morgen ließ der Richter seine Nach=
barn zusammen kommen, die das Schwurgericht bildeten.
Alle kamen hergeritten in ihren Jagdblousen, hirschledernen
Beinkleidern und Wämsern, mit Büchsen und Waidmessern;
lauter feste, kräftige Gestalten und den Ausdruck ächten
Mannesmuthes in den Gesichtern. Zwölf an der Zahl.

Nachdem Alle getrunken und die Cigarren angeraucht
hatten, begann der Richter, ohne daß mehr eine Spur
von der innern Bewegung zu bemerken war, die er Tags
vorher nicht verbergen konnte: „Männer, wir haben heute
ein Geschäft vor uns, das uns wohl einige Stunden in
Anspruch nehmen wird. Mag's aber der selbst erzählen,
der's uns verursacht hat. Bob tretet herein."

Auf diesen Ruf des Richters zur Thüre hinaus
trat Bob ein, eben so erschüttert wie am vorhergehenden
Tage.

„Bob redet und sagt an, was Euere Sache ist!" sprach nun der Richter zu ihm.

„Hab's Euch gestern schon gesagt!" erwiederte dieser und wand sich dabei wie einer, der von heftigen Schmerzen durchzuckt wird.

„Wohl habt Ihr mir gestern Eure Sache schon gesagt. Aber ich will Euch nicht nach dem richten und richten lassen, was Ihr einmal und mir allein erzählt habt. Wiederholt Eure Sache auch vor diesen Männern!"

Diese wandten nun ihre Blicke mit finsterm Ernst auf Bob und da er noch immer zögerte, seine Aussage zu wiederholen und nichts als lautes Stöhnen und Aechzen vernehmen ließ, so fuhr der Richter fort: „Sag' Euch nochmals: will weder Euch noch irgend Jemand auf sein Wort verdammen; um so weniger Euch, der Ihr in meinem Dienste gestanden und von meinem Brode gegessen habt."

Bob holte tief Athem. Endlich stöhnte er wie gerührt heraus: „Weiß wohl, daß Ihr's gut meint mit mir. Hilft aber Alles nichts. Von Menschenhänden könntet Ihr mich retten; von mir selbst aber nicht. Muß gehängt werden — an denselben Patriarchen gehängt werden, unter dem der arme Mann liegt, den ich kalt gemacht."

Nun legte er das Geständniß seiner That ab, die wir schon kennen, oft wie von Fieberfrost geschüttelt aus Furcht und Angst seines Gewissens, das ihm den Gemordeten wie ein drohendes Gespenst vorhielt.

Nachdem er geendet hatte, saßen eine ziemliche Weile

Alle still mit zu Boden gerichteten finstern Blicken. Dann sprach Einer mit einer tiefen Baßstimme:

„Die Sache muß vorerst untersucht werden!"

„Ja, daß muß sein," bestätigten die Andern.

„Scheint, daß Johnny, der schurkische Wirth, Euch aufgereizt hat," brummte wieder die mächtige Baßstimme halb fragend.

„„Will die Schuld der That nicht von mir wälzen.""

„Die bleibt Euch, Mann. Aber die Wahrheit vor den Richtern sagen!" fiel mahnend die Baßstimme ein.

Darauf sagte Bob auch die Worte, mit welchen ihn Johnny zum Mord anreizte.

Nun fingen die Männer an, halbleise sich mit einander zu berathen, während die Cigarren dampften und dieser dabei eine frische anzündete, jener die Asche von seiner wegblies und die Gluth betrachtete.

Der mit der Baßstimme sprach wieder:

„Wenn Bob den Mann meuchlings kalt gemacht hat, so muß er hängen. Scheint ihm selber so recht zu sein."

Wie erleichtert im Innern athmete Bob tief auf und nickte stumm mit dem Kopfe. Aber der Friedensrichter begann nun:

„Muß vorher jedenfalls der todte Mann untersucht und auch Johnny verhört werden. Seid wohl ein gräulicher Mörder, Bob; aber mir doch an Euerer Nagelspitze noch lieber, als Johnny mit Haut und Haaren. Thut mir leid um Euch. Könntet der Welt, dem verletzten Gesetze, Euern beleidigten Mitbürgern noch bessere Dienste thun, als durch's Gehängtwerden. Seid immer noch vor Menschen ein Dutzend Mexikaner werth. Vor Gott — wißt schon: Nichts! Aber Gnadenfrist könnte nicht schaden."

"Verstehe, Herr, was Ihr meint," erwiederte Bob gerührt. "Kann aber nicht. Quält, foltert mich gar grausam und läßt mir Tag und Nacht der arme Mann keine Ruhe, der von meiner Kugel fiel."

"Nun so bleibt's dabei, Bob. Morgen Vormittag zehn Uhr," schloß der Richter. "Aber ziehet Euch anders an, Bob, hört Ihr? wie ein Bürger, nicht wie eine wilde Rothhaut, versteht Ihr? Nehmt auch draußen den Mustang, der von Euch ist. Könnten Euch doch die Knie wackeln auf dem Wege zum Patriarchen."

Als Bob sich entfernt hatte, hielten die Männer nochmals Berathung eben so ruhig, so kalt, so ernst wie bisher. Sie betraf den Johnny und endete mit dem Beschluß, daß Johnny "gelyncht" werden sollte, wenn es sich so befinde, wie Bob ausgesagt habe.

Am folgenden Morgen kam Bob bei dem Friedensrichter angeritten noch ehe das Schwurgericht versammelt war, — um sich aufhängen und die wohlverdiente Strafe an sich vollziehen zu lassen.

Aber er sah nicht mehr so schmutzig, so verwildert aus wie gestern. Heute trug er einen Hut und anständige schwarze Tuchkleider. Das Stöhnen, Aechzen und unheimliche Erschrecken war nun einem tiefen, stillen Ernst gewichen und demüthig begrüßte er den Richter.

Dieser betrachtete ihn mit den Zeichen innerer Trauer und sprach:

"O, Bob, hättet Ihr Euch doch gesagt sein lassen,

was ich Euch so oft vorhielt! Dieses wilde Jagdleben, dann diese rothhäutige Kleidung, ohne Sonntag, Gebet, Gottesdienst verwildert die Seele. Hab diese Kleidung eigens für Euch kommen lassen, um wenigstens für den Sonntag einen respectabel aussehenden Mann aus Euch zu machen. Hab Euch Himmel und Hölle vorgestellt, daß Ihr mit uns zum Meeting gehet, wenn der Pfarrer drüben predigte. Ja — eine Zeit lang meinte ich, Ihr habt mit dem neuen Kleid auch neue Gesinnung angezogen. Und der Herr hatte mit seiner Gnade wirklich Eure Seele gefaßt. Aber da gingt Ihr mir wieder fort — auf die Jagd — nun, freier Mann hat seinen eigenen Willen — und der Teufel fing Euch abermals durch seinen Lasso, den Johnny, bei Spiel und Trunk. O Bob, die arme Seele! ist Schade für Euch."

Bob senkte die Augen zu Boden und sprach nur mit bebender, tiefer Stimme: „blutrothe Sünden!"

„Fällt Euch Etwas ein, Bob?" — fragte der Richter. „Ja blutrothe Sünden kann Christus durch sein Blut schneeweiß waschen; — aber thuts nur den bußfertigen, gläubigen Sündern. Versuchts, — stellt Euere Seele in seine Hand! Weiß nicht, aber die Geschichte mit jenem Schächer am Kreuze könnte auch für Euch hoffen lassen. Hab sie Euch schon einmal vorgehalten."

Bob schien bei der Erinnerung an diese Geschichte vom Schächer am Kreuze und von seiner Begnadigung durch den sterbenden Erlöser sichtbar erfreut zu werden. Aber nun traten die Geschworenen herein und es begann abermals eine Verhandlung.

Sie hatten vorher in einem Nebenzimmer gesessen und

sich wohl Zeit dazu gelassen, auch gezeigt, daß die Todes= strafe, die sie vollziehen müssen, ihren Appetit nicht beein= trächtigte.

Der Richter wandte sich nun mit feierlichem Ernst an den Obmann der Geschworenen und fragte, ob er Etwas vorzubringen habe?

„Ich habe vorzubringen," entgegnete dieser, „daß ich kraft meines Auftrages und Amtes mich an den bezeich= neten Ort begeben, daselbst einen getödteten Mann gefun= den habe und zwar getödtet durch eine Schußwunde, die aus Bobs Kugelbüchse beigebracht ist. Habe ferner gefunden einen Geldgürtel und Briefe an verschiedene Pflanzer. Daraus ist zu sehen, daß der Mann ein Bürger aus Illinois war und nach San Felippe de Austin wollte, um vom Oberst Austin Land zu kaufen und sich anzusiedeln."

Während dieser Worte zog der Obmann aus seinem Sattelfelleisen Geldgürtel und Briefe hervor und legte sie auf den Tisch. Der Richter öffnete den versiegelten Gürtel, zählte das Geld und las die Briefe. Einer der Geschwor= nen berichtete hierauf, daß der Wirth Johnny entflohen sei.

Nun rief der Richter den Bob vor und fragte: „Bob — erkennt Ihr Euch schuldig, den Mann, bei dem diese Briefe und Gelder gefunden worden, durch einen Schuß getödtet zu haben?"

„Ja, schuldig!" sprach dieser.

„Ihr Herren Geschwornen," fuhr der Richter fort, „wollt ihr abtreten, Euer Urtheil zu fällen!"

Die Zwölfe erhoben sich und verließen das Zimmer.

Nach einigen Minuten traten sie mit unbedeckten Häuptern ein und auch der Richter nahm seinen Hut ab.

Der Obmann sprach: „Schuldig!"

„Bob!" redete nun der Richter diesen mit feierlicher Stimme an, „Euere Mitbürger haben Euch für schuldig erkannt und ich spreche das Urtheil aus, daß Ihr beim Halse aufgehängt werdet, bis Ihr todt seid. Gott sei Eurer Seele gnädig!"

„Amen!" sprachen Alle in erschütterndem Ernste.

„Dank Euch!" erwiderte Bob.

Die Verlassenschaft des Gemordeten wurde versiegelt und hierauf erhoben sich Alle, verließen ohne ein Wort zu sprechen das Haus und bestiegen ihre Pferde. Der Richter hatte eine Bibel mitgenommen, aus der er den Bob auf dem Wege zum Richtplatz vorbereitete zum Tode. Aufmerksam ritt dieser neben dem Richter einher, welcher eine passende Stelle nach der andern aufschlug und vorlas ohne ein anderes Wort dazu zu sprechen, als: „Bob, — s' ist Gottes Wort!"

Nach einer Stunde waren die Richter mit dem Verbrecher bei dem Patriarchen angekommen — bei diesem Baum, den wir oben schon näher kennen lernten. Sie traten durch das herabhängende Moos hinein — näher an den Stamm hin. Ein starker Ast streckte sich gerade über die Stätte hin, darin der Gemordete schlief. Der Richter, Bob, und zwei der Geschwornen waren auf ihren Pferden geblieben, die andern abgestiegen. Einer nahm einen Lasso und warf ihn über den bezeichneten Ast; verknüpfte nun das herabhängende Ende mit dem andern zu einer Schlinge und ließ diese vom Aste herabfallen.

Jetzt nahm der Richter seinen Hut ab und faltete die Hände. Die Uebrigen thaten dasselbe.

„Bob" sprach er zu dem tief über den Hals seines Pferdes Herabgebeugten, — „Bob, wir wollen für Euere arme Seele beten, die jetzt von Euerm sündigen Leibe scheiden muß."

Bob schwieg stille — er schien gar nicht mehr anwesend zu sein mit seiner Seele.

„Bob, wir wollen für Euere arme Seele beten!" rief der Richter stärker.

Wie aus einem andern Leben in dieses zurückgerufen, stöhnte Bob jetzt:

„Betet, betet für mich! Brauch's wohl!"

Und nun begann der Richter ein lautes, feierliches „Vater Unser!"

Jedes Wort sprach ihm Bob mit bebenden Lippen nach.

Als er zu der Bitte kam: „Vergieb uns unsere Schuld!" da erhob Bob sein Haupt und unter Händeringen rief er, daß es den Anwesenden durch Mark und Bein ging: „Vergib mir meine Schuld!"

„Gott sei seiner Seele gnädig!" sprach der Richter noch einmal und die Andern fielen wieder ein mit einem ernsten „Amen!"

Nun verband Einer der Anwesenden dem Bob die Augen; ein Anderer zog die Füße aus den Steigbügeln und ein Dritter legte ihm die Schlinge des Lasso um den Hals, während ein Vierter, die Peitsche hebend, hinter seinen Mustang trat. Es war eine schauerliche Stille in dem Halbdunkel dieser Moos= und Laubwohnung.

Jetzt fiel die Peitsche auf das Thier, welches einen Sprung vorwärts machte. In demselben Augenblicke schnappte Bob in verzweifelter Angst nach dem Zügel und stieß ein durchdringendes „Halt!" aus.

Aber es war zu spät, — er hing in der Schlinge des Lasso am Aste des Patriarchen über dem Grabe des von ihm Gemordeten.

Doch der Richter ritt an die Seite des Gehängten schnell heran, riß ihn in seine Arme und hob ihn auf sein Pferd.

„Whisky, Whisky!" schrie er.

Einer sprang mit der Branntweinflasche herbei, hielt den Gehängten aufrecht und der Richter, der die Schlinge schon gelockert hatte, goß ihm einige Tropfen in den Mund. Schon schien es, als sollte die Mühe des Richters, den Bob noch einmal ins Leben zurück zu rufen, vergeblich sein. Aber man hatte vergessen, dem Bob das Halstuch abzunehmen, als man ihm die Lassoschlinge umlegte und dieser Umstand hatte den Bruch des Genickes verhindert. Bob öffnete noch einmal die gräßlich verdrehten Augen und sah um sich.

„Bob," sprach der Richter, „Ihr habt noch Etwas sagen wollen."

„Johnny!" brachte dieser mit leiser Stimme hervor.

„Was ist's mit Johnny?" fragte der Richter.

„Johnny ist nach San Antonio — zum Pater José; — ist katholisch worden, — hütet Euch!" So stöhnte Bob leise hervor.

Erschreckt ließ der Richter die Arme fallen und abermals hing Bob am Lasso.

Die Andern aber riefen: „Johnny ist auch noch zum Verräther geworden? Auf, ihr Männer! Den müssen wir haben und dürfen keine Zeit verlieren. Mit dem hier" — auf Bob deutend — „ist's aus!"

Alle ritten nun auf ihren Pferden durch die Moos=öffnungen des Patriarchen hinaus. Nur der Richter blieb noch bei dem Gehängten im Dunkel des Patriarchen.

VIII.
Der Kampf.

San Antonio — oder San Antonio de Bexar oder auch blos Bexar ist eine der ältesten Städte in Texas, welche von den Spaniern auf beiden Ufern des Flusses San Antonio, 10 Meilen oberhalb seiner Vereinigung mit dem Medina erbaut wurde. Der Plan der Stadt ist ein längliches Viereck, in dessen Mittelpunkt auf einem freien Platze eine alte Kirche steht, von welcher alle Straßen in rechten Winkeln auslaufen. Die Häuser sind alle von Stein und zwar von jener besondern Steinart, die bei City Austin, am westlichen Ufer des Brazos gegraben wird und so weich ist, daß sie sich schneiden läßt. Sind diese Steine eine Zeit lang an der Luft, so werden sie hart. Höher als ein Stockwerk ist keines der Häuser und Alle haben flache Dächer, um welche eine Brüstung läuft, die das Ganze einer Befestigung ähnlich macht und wohl ursprünglich auch darauf berechnet war, die Einwohner vor den Indianern zu schützen.

In den Straßen dieser Stadt, die etwa zehntausend Einwohner zählen mochte, sehen wir einige Tage nach der an Bob vollzogenen Execution ein Paar jener kräftigen, ernsten Männer umherwandern, die wir als Geschworne bei den Verhandlungen über Bob kennen lernten.

Sie hatten dort richtig den schurkischen Wirth und Verräther Johnny ausgekundschaftet und waren nun auf der Lauer, ihn zu ergreifen und aus San Antonio fortzubringen. Von der Stadt durch den Fluß Salado getrennt war eine Festung, Alama genannt, und in dieser hielt sich Johnny auf.

Die beiden Geschwornen aus Williams Colonie am Jakinto hatten schon die Tagesstunde erfahren, zu welcher Johnny gewöhnlich aus der Festung in die Stadt ging, und da ergriffen sie ihn und eilten mit ihm auf ihren sichern, flüchtigen Rossen fort in ihren Bezirk, um ihn dort vom Volke „lynchen" zu lassen.

Das Lynchen war eine Art Volksjustiz, welche die amerikanischen Ansiedler in Texas aus ihrer Heimath hergebracht hatten und in Texas um so öfter in Anwendung bringen mußten, als sich dort vor den ordentlichen Gerichten jeder Schurke vor der Strafe durch Bestechung der Richter frei machen konnte.

Das Lynchen stammt in Amerika schon aus jener Zeit her, da die englischen Puritaner sich dort ansiedelten. Diese führten überhaupt eine Art patriarchalischen Regimentes unter sich, und ihre Kirchenältesten bedienten sich nach dem Recht des Vaters über die Kinder nicht selten einfach der Ruthe, um ein Vergehen an Gemeindegliedern zu züchtigen. Später, da die Vergehen sich häuften und vergrößerten, mußten auch schärfere Zuchtmittel angewendet werden und endlich, um die Zeit der Befreiung Nordamerikas von England, wurde das „Betheeren und Befedern" üblich, womit das Volk selbst an einem Uebelthäter Gericht und Strafe vollzog.

Ungerechte Accisebeamte, Betrüger, falsche Spieler, elende Wirthe und Bäcker, Weiberverführer und andere Uebelthäter, die nicht so leicht vor den ordentlichen Richtern zur Strafe gezogen werden konnten, wurden ergriffen von einigen entschlossenen Männern, unter dem Zusammenlauf der Menge mit Theer übergossen und dann mit Federn bedeckt, welche an ihnen hängen blieben. So wurden sie in den Gassen herumgetrieben und endlich zum Orte hinausgejagt.

Das war im Allgemeinen das Verfahren bei jeder Lynchprocedur. Und ich halte dafür, daß es nicht übel wäre, wenn auch unser Volk in manchen Dingen, welche Gesetz und Obrigkeit nicht ahndet und nicht ahnden kann, eine ähnliche Art Sittenpolizei und Zucht ausübte.

So ein Hausmittelchen, zumal wenn der Arzt zu fern und zu theuer ist, thäte sicherlich gute Dienste. Waren wohl sonst auch unter dem Landvolke bei uns in Uebung.

Lüderliche Weibsbilder, Huren, Ehebrecher und dergleichen in eine Tunke von kaltem Wasser und Schlamm zu bringen und so nach Hause schicken, wie das hie und da die Bauerburschen thaten, dürfte heute noch ein probates Mittel sein gegen solche fressende Brunst.

Und wenn so einem fünfzehn- oder sechszehnjährigen Bürschlein, das sich auch schon groß machen will mit Absingen unzüchtiger Lieder, mit Saufen und Tabakrauchen das Maul mit einer Bauernfaust gestopft würde, das könnte nicht schädlich sein.

Beleidigte und verletzte Volkssitte und Sittlichkeit durch Volkszucht auf frischer That zu strafen — das ist's, was auch durch das Lynchen geschehen wollte. Nur daß dieses die Amerikaner, wie Alles, ins Große und Grobe trieben.

So war auch das Volk in Williams Colonie, als der Johnny dahin gebracht war, nicht damit zufrieden, daß es ihn als einen betrügerischen Wirth und falschen Spieler betheerte und befederte, sondern als einen Verräther seiner Mitbürger hing es ihn auch noch auf.

Aber der Sache des Ansiedlerbundes hatte Johnny durch seinen Verrath bereits empfindlichen Nachtheil verursacht. Die Centralregierung verlangte bald die Verhaftnahme mehrerer Texaner und unmittelbar darauf folgte ein Befehl des Obersten Cos an die Bewohner des ganzen Distriktes, ihre Waffen den Militärbehörden auszuliefern.

Daraus war zu sehen, wie Santa Anna die dem Oberst Austin gegebenen Versprechungen zu erfüllen im Sinne habe. Und einer Bevölkerung inmitten endloser Wälder, von Raubthieren und Indianern umgeben, deren Existenz größtentheils auf Jagd beruht, die Waffen entziehen wollen, zeigte, wie unwissend, unbesonnen und verblendet die mexikanischen Gewalthaber verfuhren. Die Texaner versammelten sich und bildeten Sicherheitsausschüsse, der von San Felippe de Austin war der Centralpunkt und Oberst Austin, der ohnedieß den Zusagen Santa Anna's kein großes Vertrauen geschenkt hatte, war hier Vorsitzender. Auf die Nachricht, daß Oberst Cos mit 400 Mann Infanterie und einem Bataillon Lanzenreiter gegen den Centralausschuß der Texaner anziehe, war für diese keine andere Wahl mehr, als Vertheidigung oder Ruin.

Jetzt begann der abenteuerlichste Kampf, der wohl je geführt wurde. Ein Völkchen von 35,000 Seelen, das kaum 3000 waffenfähige Mann aufstellen konnte, wagt es mit einer Bevölkerung von 9 Millionen, die mehr Soldaten in das Feld stellten, als Texas Einwohner zählte, sich in einen Krieg um seine Unabhängigkeit einzulassen und erringt nicht nur vollständigen Sieg, sondern bereitet sogar den Mexikanern Niederlagen um Niederlagen aller Art, daß diese die Vereinigung von Texas mit Nordamerika nicht mehr hindern können.

Ein Paar Parthien dieses mehrjährigen Kampfes muß ich meinen Lesern vorführen, weil sie zu meiner Erzählung nothwendig gehören.

Daß nun der Friedensrichter William nicht mehr gegen den Krieg mit Mexiko war, sondern selbst überall kräftig Hand anlegte im Kampfe um Heerd und Sicherheit, wird zu erwähnen gar nicht mehr nöthig sein. Wir finden ihn bald nach Beginn der Feindseligkeiten in der Nähe von San Antonio de Bexar, wo die Hauptmacht der Mexikaner stand, und einige hundert bewaffnete Pflanzer hatten sich um ihn gesammelt, die mitten durch die Prairien ohne Weg und Steg, über Flüsse und Ströme — reitend und schwimmend, wie es eben ging, sogleich beim ersten Aufgebot an dem bestimmten Sammelplatz erschienen waren. Unerklärlich war es Allen, wie dieses Aufgebot so schnell und sicher auf alle Pflanzungen gebracht werden konnte. William zog nun dem Oberst — nunmehr General — Austin zu, der am Salabofluß, etwa 8 Stunden von San Antonio entfernt, mit seinen Bewaffneten stand. Nicht über achthundert brachten sie hier zusammen. San Antonio aber war durch die Festung Alama geschützt und war mit einer Besatzung von dreitausend Mann und grobem Geschütz versehen.

Nachdem die aufgebotene Mannschaft der Texaner unter General Austin versammelt war, ging die Vorhut, zwei und neunzig Mann stark, auf die Mission San Espado los. Hier ließen sie ihre Pferde nebst acht Mann Besatzung und die übrigen vier und achtzig rückten an das Ufer des Salado vor, der eine halbe Viertelstunde von der Mission gegen Abend hinfloß. Eine dicht bewachsene Baumgruppe war dazwischen, — sonst lauter offenes Prairienland, — und der Salado selbst bildete da eine bogenartige Krümmung, an deren beiden Enden Furthen waren, durch welche der Fluß allein überschritten werden konnte. Hier nahm die Vorhut feste Stellung. William, der Friedensrichter vom Jakinto, führte sie an. Zwölf Mann besetzten die Baumgruppe, die zwischen ihrer Stellung und der Mission war; an den beiden Furthen stellten sich zwölf andere auf und die übrigen lagerten in den Nebengeländen des Flußufers. Der Abend verging und die Nacht, ohne daß ein Feind sich gezeigt hätte, obwohl die Nachricht von der Nähe der Patrioten bereits in die Stadt gedrungen war.

Aber kaum hatten diese ihren Morgenimbiß eingenommen, als die Nachricht vom Posten an der obern Furth kam, daß die Feinde im Anzug seien, — lauter Dragoner, alle trefflich beritten und mit Karabinern bewaffnet, — an die dreihundert Mann.

Kalt und ruhig erhoben sich die Texaner und stellten sich, geschützt von der Wölbung der Flußbank, auf. — „Verliert keinen Schuß!" sagte ihr Anführer.

Die Dragoner sprengten an und feuerten aus ihren Karabinern auf die Patrioten. Aber unter diesem Feuern sprangen 6 Texanische Schützen auf den Prairierand, legten an und sechs mexikanische Offiziere stürzten von ihren Pferden.

Drei= und viermal wiederholten die Mexikaner ihre Angriffe; aber da nun abwechselnd immer dreißig der Texaner ins Feuer traten und sicher zielend immer die vordersten Dragoner von den Pferden schossen, so wollten diese gar nicht mehr angreifen. Und so oft ein Dutzend Texaner anrückte zum Schusse, suchten die Dragoner immer das Weite.

Eine Stunde lang wurde dieser Kampf fortgesetzt; — da brachte der Posten von der untern Furth Nach= richt, daß Infanterie anrücke, wohl tausend Mann stark. Auch ein Feldstück hatten diese Truppen bei sich.

Obwohl die Texaner vortreffliche Schützen waren und neben ihren Kugelbüchsen auch noch Pistolen führten, so konnten sie doch einer solchen Uebermacht nicht lange Stand halten. Aber sie blieben unerschütterlich, kaltblütig und nichts hörte man, als: „Schont nur Euer Pulver und Blei, — verliert ja keinen Schuß!"

Das Geschütz der Mexikaner war an einem Platze aufgestellt, von welchem aus es das Nebengelände bestreichen konnte, an welches sich die Texaner anlehnten.

Sogleich wurde mit Kartätschen über das Neben= gelände hingefeuert. Die Texaner sandten ein Dutzend Leute gegen die Kanone, welche sich bis auf fünfzig Schritte näherten und dann vom Prairierande aus anfangen wollten, die Artilleristen wegzuschießen. — Wie diese hinkamen, fanden sie dort einen einzeln stehenden Mann, der das Geschäft bereits auf eigene Faust begonnen hatte, zu dem sie abgesandt waren. Er zielte so ruhig, traf so sicher, daß der Artillerist fiel, als er eben die Kanone wieder losschießen wollte. Nun lud er abermals und schoß mit einer Gleichgültigkeit den zweiten Artilleristen weg, als triebe er hier blos Schießübung. Die heranrückenden Texaner staunten über diesen Mann. Es war eine lange, hagere Figur, mit verwilderten Zügen, langem Bart, in Lederkappe, Wamms und Indianerschuhen. Zum dritten Male schoß er so eben einen Artilleristen an der Kanone weg, da rief er den Texanern zu: „Warum nehmt ihr das große Stück dort nicht?

Diese schickten sich sogleich dazu an; denn sie sahen, daß der wildfremde Mann da, von dem Niemand wußte, woher er gekommen, wohl keinen Artilleristen zum Abfeuern kommen lasse. Allein eine Compagnie Mexikaner rückte im Sturmschritt herbei und trieb mit ihrer Salve die Texaner in ihr Versteck hinab. Nun wären diese abgeschnitten worden. Aber zur rechten Zeit kam ihnen Verstärkung und eröffnete ein so wohlgezieltes Pelotonfeuer, daß die ganze mexikanische Compagnie, vom Schrecken erfaßt, die Flucht ergriff unter dem Geschrei: „Teufel, Teufel sind's!"

Der Achtpfünder drüben war wieder mit neuer Mannschaft versehen; eine neue zahlreiche Truppe mexikanischer Infanterie rückte vor und auch die Dragoner hatten von der obern Furth her sich in einem Bogen genaht und drohten die Texaner von hinten anzugreifen.

Da sah der Patriotenanführer nur einen Ausweg,

der möglicher Weise Rettung bringen könnte, nämlich die Kanone zu nehmen und gegen die Mexikaner zu richten.

Er selbst, der Anführer William, drang mit einer Schaar von zwanzig Mann vor. Aber der Artillerist, der jetzt das Geschütz bediente, bemerkte dieß, und richtete auf das Häuflein Patrioten.

Der Schuß mußte treffen. Aber ehe der Artillerist mit der Lunte sich nahen konnte, streckte ihn eine Kugel nieder, und William, der Friedensrichter, war dadurch vom sichern Tode gerettet.

„Das war ein Meisterstück dieses wilden Schützen!" rief einer der Patrioten, der die Gefahr für den Friedensrichter und den rettenden Schuß des Fremdlings wahrgenommen hatte.

Allein in diesem Augenblicke fiel auch dieser, von einer Kugel getroffen, zu Boden.

Unter den Nahestehenden blickte einer nach dem Getroffenen, der so eben die Augen aufschlug um sie gleich wieder im Todeskampfe zu schließen, und indem er ihn ansah, rief er aus: „Das ist ja jener Bob, den wir am Jakinto unter dem Patriarchen aufgehängt haben!"

Aber in diesem Augenblicke war auch der mexikanische Achtpfünder von William und seiner Schaar genommen und donnerte in die Reihen der Mexikaner. Diese begannen nun sich zu wilder Flucht zu kehren.

Auch die Dragoner hatte panischer Schrecken ergriffen. Denn als sie bei ihrem Plane, die Texaner vom Rücken anzugreifen und sich mit ihrer eigenen Infanterie an der untern Furth zu vereinen, jener Baumgruppe nahe kamen, in welche 12 Mann Texaner sich gelegt hatten, eröffneten diese mit Büchsen und Pistolen ein solches Feuer, daß die Dragoner meinten, jetzt erst auf die Hauptmacht der Patrioten gestoßen zu sein. In ihrer eiligen Flucht rissen sie auch die Infanterie hinein und so sah sich das kleine Häuflein der Parioten plötzlich als Herren des Schlacht= feldes und im Besitze einer Kanone.

„Wer hat den glücklichen Schuß gethan, als wir gegen die Kanone anstürmten?" fragte der Friedensrichter, nach= dem sich die Meisten der anwesenden Texaner um ihn versammelt hatten.

„Ein Mann, den Niemand kennt, der aber auf dem= selben Platze todt nieder fiel, von welchem aus er einen Artilleristen um den andern wegschoß und auch Euch vom sichern Tode rettete," antwortete ein Schütze.

Darauf sprach ein Anderer zum Anführer: „Erinnert Ihr Euch des Mannes, den wir an dem Patriarchen beim Jakinto aufgehängt haben wegen Mordes? Derselbe mußte es gewesen sein, wenn er nicht dort schon todt ge= blieben wäre."

„Derselbe meint Ihr?" fragte William betroffen und doch sichtbar freudig erregt. „Zeigt mir doch den Ort, wo er liegt."

Mehrere gingen mit dem Friedensrichter auf den Platz hin, wo der fremde Schütze stand und fiel. Allein wie sie hinkamen, war er nirgends zu finden. Da kam ein alter, verwitterter und sonnverbrannter Bärenjäger her= bei und dieser konnte Auskunft geben über den wilden Prairiemann.

„Dachte mir" — fing der alte Bärenjäger zu er= zählen an — „dachte mir, daß die Büchse des Mannes wohl so eine Capital=Büchse sein müsse, als je eine Bären kalt gemacht. Könnte leicht in unrechte Hände kommen, dachte mir. Sah' ihn ja die Dons drüben bei ihrer Kanone wegputzen, als wären sie nur dazu dort gestanden. Nimmst diese Capitalbüchse für dich, — dem armen Teufel nützt sie ja doch nichts mehr, dachte ich. Komme dahin wo er liegt; hält er die Büchse fest in der Hand, der todte Mann. Wollte da die Büchse nehmen, bekomme aber einen derben Stoß vom todten Mann. Alter, dachte ich — der lebt. Da krappelt er auf, wankt den Wein=reben zu und setzt sich dort auf einen Mustang und reitet langsam fort."

Durch diesen Bericht wurde William ganz beruhigt und sagte nur: „Ist er fortgeritten, werden wir ihn schon noch finden. Jedenfalls hat der Mann einen guten Kampf gekämpft."

IX.
Der Sieg.

Glücklich hatten die Texaner ihr Land den Mexikanern entrissen und es kam nun darauf an, das gewonnene Land gegen Mexiko auch zu behaupten. Wohl hatten sich die Texaner mit den Vereinigten Staaten bereits verbunden und General Austin war dort, um den Eintritt Texas in den nordamerikanischen Staatenbund zu vollziehen, so wie von dort Hilfe gegen die erneuerten Angriffe der Mexikaner nachzusuchen. Es kam ihnen auch nicht unbedeutende Unterstützung aus den Vereinigten Staaten zu.

Allein die Mexikaner rückten unter Anführung Santa Annas mit einem mächtigen Heere an zur Wiedereroberung von Texas. Zu großes Selbstvertrauen und zu geringe Beachtung des Feindes hatte die Texaner übermüthig und leichtsinnig gemacht. Viele waffenfähige Männer folgten gar nicht einmal dem zweiten Aufgebote. Sie meinten: Gesindel mit Hasenfüßen sei leicht zu jagen und es brauche gar keiner Anstrengung, mit diesen mexikanischen Truppen fertig zu werden.

Aber mit zwanzigtausend Mann rückte Santa Anna in Texas ein und darunter waren die besten Truppen der Republik Mexiko.

Kaum zweitausend bewaffnete Texaner stellten sich

ihnen entgegen. Den Oberbefehl über sie hatte jetzt Burleson. Aber von allen Seiten wurden die Texaner durch die Uebermacht der Feinde zurückgeworfen. Die Festungen Geliad und Bexar wurden wieder von den Mexikanern erobert und die Patrioten zurückgedrängt bis über den Colorado und Brazos.

Allenthalben sah man Flüchtlinge; schwangere, todtkranke Frauen, hilflose Mütter mit säugenden Kindern, Schaaren von Knaben und Mädchen auf Wagen und Mustangs gepackt, und hinter ihnen die verfolgenden Dragoner, welche die Prairien durchstreiften und Alles mit Feuer und Schwert verherrten.

Unter dem General Houston hatte sich eine Schaar von sieben- bis achthundert Patrioten auf Harrisburg zugezogen. An der Seite des Generals war der Friedensrichter vom Jakinto. Es fehlte ihnen genauere Kenntniß über die Bewegung und Stellung des feindlichen Heeres, das sich unter Santa Anna bereits der Stadt Harrisburg und New-Washingtons bemächtigt hatte. Santa Anna ließ diese Städte verwüsten, ohne sich um die Texaner zu kümmern.

Besorgt standen General Houston und der Friedensrichter beieinander und wußten nicht, wohin sie sich wenden sollten, um Santa Anna angreifen zu können.

Da näherte sich ihnen ein Mann auf einem Mustang, der zur Seite einen mexikanischen Kurier gefangen hertrieb.

Es war derselbe lange, hagere, bärtige, verwitterte Prairiemann, der am Salado solche Wunder seiner Schützenkunst gethan.

„Habe den Burschen da weggefangen. Hat Briefe

bei sich von Nutzen," sagte der Mustangreiter, indem er seinen Gefangenen an den Friedensrichter abgab.

Dieser ließ nur mit einem Blicke eine innere Bewegung der Freude und zugleich des Dankes gegen den verwitterten Reiter merken, wodurch dieser sich reichlich belohnt fühlte. — Ohne eine Sylbe weiter zu sprechen entfernte er sich schnell wieder.

Die Briefe, welche der eingebrachte Kurier bei sich hatte, gaben genaue Kunde über Stellung, Zahl, Plan und Bewegung der feindlichen Armee.

Darauf bewegte sich Houston über den Buffalofluß und lagerte sich in der Nacht vom 19. auf den 20. April des Jahres 1836 mit seiner Schaar so, daß er durch ein Gehölz eine gedeckte, sichere Stellung hatte.

Wieder standen der General Houston und der Richter vom Jakintoflusse beisammen, in stillem, aber eifrigem Gespräche begriffen. Von Zeit zu Zeit ging der Richter in die Baumgruppen hinein. Er schien Jemand zu erwarten.

Plötzlich kam derselbe uns schon bekannte Prairiemann auf den Richter William zugelaufen. Er sagte ihm einige Worte mit Eilfertigkeit und entfernte sich schnell wieder.

Einige Augenblicke später hatte der General das ganze Lager auf den Beinen. Die Leute waren trefflich beritten, Alle mit Büchsen, Doppelpistolen und Waidmessern bewaffnet. In zehn Minuten waren alle auf dem Marsche, vier Kanonen mit doppeltem Gespann dabei, die ganze letzte Hälfte der Nacht vom 19. auf den 20. April dauerte der Marsch.

Der lange, hagere, bärtige Mustangreiter war der Führer.

„Ist das nicht der Kerl davorne, welcher am Salado die Artilleristen so wegbüchste?" fragte mit grauendem Tage ein Patriot seinen Nebenmann.

Dieser antwortete: „Mir kommt er vor als ein Mensch, dem ich am Jakinto einmal dem Mustang unter dem Gesäße wegpeitschte, als die Lassoschlinge schon um seinen Hals lag und der Lasso am Aste eines Baumes befestigt war. Hatte, glaub' ich, einen abscheulichen Mord begangen. Kann doch die Creatur nicht zwei Leben haben?"

„Aber ein verteufelter Kerl ist's!" fuhr der Andere fort. — „Ueberall sieht man ihn und kaum hat man ihn gesehen, ist er wieder verschwunden."

„„Wenn die Erscheinung nicht so wüst wäre, hielt ich sie für einen Engel, der dem William Alles zubringt, was nöthig ist. Denn mit diesem sieht man die wüste Gestalt hie und da — aber nur mit einigen Worten — verkehren. Mit einem Teufel gibt sich der William sicher nicht ab. Ist ein gar frommer Mann.""

Kaum hatte der Eine der Plauderer die Worte gesprochen, so wurde Befehl zum Rasten gegeben und den Leuten Zeit gelassen, sich zu stärken. — Nach einiger Zeit brachte der Prairiemann die Nachricht, daß Santa Anna mit etwa 1500 Mann kaum eine halbe Stunde fern sich verschanzt habe und daß zehn Stunden weiter weg über zehntausend Mexikaner im Anmarsch begriffen seien.

Da trat der General unter die lagernden und essenden Männer und sprach:

„Bürger, Freunde! der General Santa Anna steht mit fünfzehnhundert Mann vor uns verschanzt. Wir können Texas die Freiheit geben — jetzt! ist der Feind unser?"

„Er ist unser!" riefen siebenhundert Stimmen zugleich und Alle erhoben sich, den Angriff zu rüsten.

Der Zug beginnt. Zwei Kanonen müssen zurückbleiben wegen eines Unfalls am Räderwerke. Nur zwei kommen mit vorwärts. Die Pferde hatte man am Platze der Lagerung unter Bedeckung gelassen. Das hagere, lange, bärtige Prairiemann ist als Führer voran.

Bis auf zweihundert Schritte nahte man sich dem mexikanischen Lager. Da wurde das Feuer aus den zwei Kanonen der Patrioten eröffnet. Aus einer Entfernung von fünfundzwanzig Schritten geben die Patrioten eine Salve, werfen aber jetzt ihre Büchsen weg und stürzen sich mit Pistolen und Waidmessern auf den Feind. Die Brustwehren des feindlichen Lagers sind bald übersprungen und nun beginnt unter lautem Hurrahruf ein grausiges Schlachten unter den Mexikanern in ihrem eigenen Lager. Bald fiel gar kein Schuß mehr. Mit Bajonet und Flintenkolben wehrten sich die Mexikaner, mit Waidmessern griffen die Texaner an.

An der Seite Williams des Friedensrichters kämpfte der lange, verwilderte, bärtige Mann wie ein schützender, schirmender Engel für William; aber wie der Todesengel, der die Sense führte, so führte er sein gewaltiges Waidmesser gegen die Feinde.

Plötzlich fällt er, von einem mexikanischen Bajonetstiche tief in die Brust getroffen, zu Boden.

Der Friedensrichter nimmt ihn schnell auf seine Schultern und bringt ihn an eine sichere Stelle außerhalb des Lagers, des Kampfplatzes.

Keine drei Minuten war er ferne vom Kampfe.

Aber wie er zurückkam war der Sieg entschieden für Texas. Was von den Mexikanern nicht todt und verwundet war, ergab sich.

Siebenhundert Gefangene wurden eingebracht; jedoch der General Santa Anna war nicht darunter. Ohne ihn war der Sieg nichts.

Mehr als hundert Reiter jagten nun in die Prairie hinaus.

Nach langem vergeblichen Suchen entdeckte man einen Menschen bis über den Gürtel in einem Sumpfe steckend und unter dem Gesträuppe sich bergend.

Das war der General und allgewaltige Präsident von Mexiko. Mit Schlamm und Koth überzogen wurde er aus dem Sumpfe gerissen und fußfällig bat er die Männer, die ihn fanden, um aller Heiligen willen, daß sie ihm nur nichts am Leben thun möchten.

Der Krieg war mit Gefangennehmung Santa Annas beendigt, der Sieg für Texas vollkommen.

An dem Platze, da der Friedensrichter den schwer verwundeten Prairiemann hingetragen hatte, finden wir jetzt außer dem Friedensrichter noch den General Houston und eine große Schaar Patrioten.

Als der mit dem Tode Ringende den Friedensrichter vor sich sah, verklärte sich sein Blick und er fragte mit schwacher Stimme:

„Wie steht es mit der Schlacht?"

„Wir haben vollkommen gesiegt, Bob! Texas ist frei."

Bob's Blick — denn wirklich war dieser Mann Bob — erheiterte sich augenscheinlich bei dieser Nachricht.

„Sagt mir!" röchelte er nach einer kleinen Pause, „habe ich meine Schuldigkeit gethan?"

„Als Himmelsbürger habt Ihr schon längst den Freibrief Eurer Schuld durch Christi Blut und Gerechtigkeit in Buße und Glauben erlangt, — Bob. Hab Euch das zum Troste auf Grund göttlichen Wortes schon öfters gesagt. Als Erdenbürger habt ihr das übertretene Gesetz **gesühnt durch Eure Treue** und Eure Aufopferung."

„Ach meine arme, schuldbeladene Seele!" seufzte Bob noch einmal.

„Der Gottessohn, der dem Schächer am Kreuze zurief: Heute wirst du mit mir im Paradiese sein! läßt diesen Ruf auch an Euch ergehen, Bob. Die Engel im Himmel haben Freude über einen Sünder, der Buße thut. Und bei dem Herrn ist die Erlösung und viel Vergebung bei ihm."

„Dank Euch, Richter! Ihr seid ein wahrer Freund, ein Freund bis in den Tod; ein barmherziger Samariter — ein Jünger Jesu! Wollt Ihr nicht noch einmal für meine arme Seele beten? Ich fühle, sie ist am Scheiden. Mir wird wohl!" So seufzte Bob leise.

Und der Friedensrichter entblößte sein Haupt und faltete seine Hände und alle umstehenden Männer thaten das Gleiche. Blutbespritzt wie sie kamen vom heißen Kampfe gegen ihre Räuber und Unterdrücker für ihr Recht und Eigenthum, für ihren Glauben, standen sie da — Herz und Hände gen Himmel gerichtet, und der Friedensrichter betete:

„Vater unser, der du bist im Himmel!"

Die Lippen des sterbenden Bob bewegten sich zum Zeichen, daß er mitbetete. Bei der Bitte: „Vergib uns unsere Schuld!" konnte man sein leises Hauchen noch vernehmen als die Worte: „Vergib mir meine Schuld!" Und wie es zum Schlusse kam: „Denn dein ist das Reich und die Kraft und die Herrlichkeit" da verklärte sich Bob's Antlitz und ein leiser Anhauch von Seelenfriede zog darüber hin. Mit dem „Amen" schied seine Seele.

Ein langes Schweigen lag auf der ganzen Umgebung.

Mit schmerzvollen Blicken, aber doch mit freudiger, innerer Befriedigung blickte der Richter die Leiche an.

Darauf sprach er über den Leichnam hin:

„Gott will nicht den Tod des Sünders, sondern daß er sich bekehre und lebe. Diese Worte fielen mir vor drei Jahren auf die Seele, als ich diesen Mann vom Aste des Patriarchen abschnitt, und ihn wieder ins Leben brachte. Dem bürgerlichen Gesetze war Genüge geleistet; für die Welt war Bob todt. Der göttlichen Gnade wurde Raum gelassen; für den Himmel konnte er noch wirken und leben."

Nun wandte er sich zu den Umstehenden und sprach:

„Welche Reue und Buße, — welchen Glauben und welche Liebe dieser Mann da bewies, seit ich ihn aus der Todesschlinge nahm, — weiß nur Gott und ich. Aber welche Dienste er uns und unserer Sache besonders in den letzten Jahren leistete, während er doch für das Land als Bürger todt sein mußte, — das sollt Ihr jetzt auch wissen. Keiner von uns hat solche Opfer gebracht. Ja die tugendhaftesten Bürger würden zurückschaudern vor den Anstrengungen, die er sich auflegte im Dienste für unser Land.

Und das that er Alles ohne Aussicht auf Ruhm, Ehre und Lohn, als ein verurtheilter, geächteter, gerichteter Verbrecher. So mußte er unter uns gelten. Solche uneigennützige Opfer kann nur aufrichtige Buße und der rechte Christenglaube bringen. Er hat einen schwereren Kampf gekämpft, als wir, und einen schönern Sieg erfochten."

„Ihr habt Ihm Gelegenheit, Muth und Kraft dazu gegeben!" sprach der General.

„Muth und Kraft hat ihm Gottes Wort gegeben; Gelegenheit das Leben" berichtigte William.

Ich aber meine: Wir sollten doch nicht blos unserm Gesinde, sondern auch unserm Gesindel und den Verbrechern allezeit Gottes Wort mit Liebe geben und darin nicht so leicht ermüden.